David Cobbold

VIN CHERCHE PLATS

Directeur de département : Christophe Savouré
Responsable éditoriale Vins et gastronomie : Bénédicte Bortoli
Éditrice : Marie Delas
Stagiaire : Thierry Sudour

Direction artistique : Laurent Quellet, Isabelle Mayer
Illustratrice : Isabelle Mayer
© Photos de couverture : Franck Schmitt
Conception et réalisation graphique : Sylviane Savatier
Fabrication : Florence Bellot

15/27 rue Moussorgski, 75018 Paris
ISBN : 978 2 215 11067 5
4e édition - n° P14126
Dépôt légal : octobre 2011

Achevé d'imprimer en septembre 2014 par GPS Group en Slovénie

Remerciements de David Cobbold
Je remercie particulièrement Sébastien Durand-Viel
pour son aide patiente et permanente, ainsi que tous les vignerons,
collègues et amis qui m'ont permis d'apprendre en expérimentant.
Et ce n'est pas fini !

Remerciements de Pierre-Yves Chupin
Je remercie tous les chefs qui m'ont permis de goûter aux meilleurs accords.
La liste est longue, mais comment ne pas citer
Georges Paineau à Questembert, Claude Colliot à Paris ou
Jacques Thorel à La Roche-Bernard, tous devenus, entre-temps, de véritables amis.

David Cobbold

VIN CHERCHE PLATS

Pour tous les vins d'appellations françaises, des suggestions de plats sucrés et salés.

FLEURUS
www.fleuruseditions.com

Côté vins

Boire du vin au cours d'un repas est une tradition ancrée dans la culture française et, plus largement, dans les cultures du bassin méditerranéen. Aujourd'hui, la diversité des plats à la portée de chaque cuisinier n'ayant d'égal que la multitude de vins disponibles sur le marché, comment faire pour trouver une harmonie entre toutes ces saveurs ? Allez-vous choisir de construire l'accord plutôt à partir du vin ou du plat ?

Quelle que soit l'approche, ce choix sera fortement influencé par le goût de chacun. Cette affaire éminemment personnelle résulte aussi bien de la culture d'origine du dégustateur que de ses habitudes alimentaires. Aussi, loin de nous l'idée de dicter des règles définitives en matière d'accords mets-vins.
À travers *Vin cherche Plats*, nous voulons simplement vous encourager à trouver votre propre voie dans un domaine réputé compliqué, mais qui ne l'est finalement pas plus que le choix d'un vêtement.

Nos expériences personnelles nous ont donné l'occasion de découvrir des accords intéressants, parfois spectaculaires que nous vous proposons de partager. Nous vous dévoilons systématiquement les motivations de nos choix. Ils sont toujours à considérer comme des pistes à explorer, à la manière d'une carte qui offrirait plusieurs itinéraires : libre à vous d'emprunter des chemins de traverse.

Pour une approche simplifiée de ces multiples accords gourmands, nous avons choisi de classer les vins selon leurs appellations « officielles », c'est-à-dire selon les appellations d'origine contrôlées qui forment la catégorie la plus reconnue en France.

Les vins de pays, s'identifiant principalement par leur cépage, présentent des caractéristiques moins précises : nous avons donc choisi de ne pas les mentionner, ce qui ne veut pas dire qu'il faille les déconsidérer.

Mais n'oublions pas que le vin est un produit vivant issu d'interactions entre la main de l'homme et la nature : méthodes de culture de la vigne, choix des techniques de vinification et savoir-faire du producteur ont autant d'influences sur le goût d'un vin que l'appellation dont il est issu. Autrement dit, recommander une appellation n'échappe pas à la généralisation et il existe d'excellents guides spécialisés pour vous aider à effectuer votre choix parmi la multitude de producteurs.

Les vins de France présentent une très grande diversité et sont, dans leur vaste majorité, bien adaptés à la table. Les accords locaux, comme un sancerre blanc avec un fromage de chèvre du Berry, par exemple, fonctionnent très bien. Mais le vin ne doit jamais être « exclusif ». C'est pourquoi nous vous proposons, dans la partie *Plat cherche Vins*, des accords avec des vins de toutes les régions de France, comme avec ceux d'autres pays.

Enfin, gardons à l'esprit que le vin, outre ses vertus organoleptiques et digestives, est une boisson qui aide à apprécier tant les mets qu'il accompagne que la convivialité. Le vin rapproche et favorise les échanges : il est, en cela, essentiellement « humaniste ».

David Cobbold

D'origine anglaise, David Cobbold est issu d'une famille important du vin en Angleterre depuis le XVIIe siècle. Installé en France depuis 1973, il a été notamment responsable marketing dans de grandes maisons champenoises pendant dix ans avant de fonder en 1996 sa propre société de consultants en vins dont l'activité s'étend à tous les marchés du monde. Conférencier, auteur de nombreux articles sur le vin dans des revues spécialisées en France et à l'étranger, il a publié plusieurs livres consacrés au vin :

Le Guide Fleurus des Vins d'Ailleurs,
Le Vin et ses plaisirs,
Chablis à Table,
Les Plus Grands Crus du Monde,
Great Wines and Vintages,
A Guidebook to Champagne and Alsace,
ainsi que trois titres dans la collection « Autour d'un Vin » :
Beaune, Sauternes-Barsac et *Bandol.*

Appellations françaises

AOC (Appellation d'Origine Contrôlée)

AOVDQS (Appellation d'Origine Vin Délimité de Qualité Supérieure)

VDN (Vin Doux Naturel)

Couleur et/ou type de vin

- Vin blanc sec
- Vin blanc doux, moelleux ou liquoreux
- Vin rouge
- Vin rosé
- Vin blanc effervescent
- Vin rosé effervescent
- Vin rouge effervescent

Suggestions d'harmonies gourmandes

Les suggestions sont classées par type de plat et par ordre alphabétique : apéritif, entrées, plats uniques, viandes, poissons, légumes, fromages, desserts.

Alsace chasselas • **Alsace edelzwicker**

Ce sont les « blancs de comptoir » en Alsace : relativement souples, frais et désaltérants, nul ne tentera d'accorder ces vins avec des plats sophistiqués. Les meilleurs d'entre eux sont légers et fruités : de très bons vins de soif avec des arômes variant généralement au gré des assemblages. En effet, l'alsace edelzwicker (parfois appelé « Gentil ») est un vin singulier dans la région, car il est issu d'un assemblage de cépages dans lequel le chasselas joue généralement un rôle important, souvent complété de pinot blanc. On peut accompagner ces vins de mets simples, servis à l'apéritif ou en entrée.

8°.

crevettes, friture de petits poissons, jambon blanc, choucroute, flamiche aux poireaux, quiches.

Château-Chalon

Arbois Vin jaune

Regroupement d'appellations

Les appellations possédant des caractéristiques organoleptiques très proches appellent les mêmes accords et sont donc regroupées sous une même bannière.

Description du vin

Les caractéristiques gustatives du vin (arômes, structure, etc.) et de l'appellation (situation géographique, cépages).

Les principes de l'harmonie avec différents types de plats

Température de service conseillée

Renvoi à une autre appellation

Les vins possédant des caractéristiques organoleptiques très proches appellent les mêmes accords et sont donc regroupés sous une même bannière.

Ajaccio • Patrimonio • Vin de Corse Calvi, Coteaux du Cap Corse, Figari, Porto-Vecchio, Sartène

Le cépage vermentino présent dans tous les blancs secs de l'appellation produit des vins offrant une palette aromatique d'une grande intensité, alliant des notes de fleurs et de fruits (amande, pomme). Ces vins dévoilent en bouche une impression de tonicité et de fraîcheur, mais ils possèdent également un certain volume et un degré d'alcool important dus aux conditions climatiques de l'île. Leur nervosité saura neutraliser le côté parfois très salin des fruits de mer ou des crustacés, et l'intensité de leurs saveurs leur permettra d'accompagner les poissons cuisinés, y compris les plus relevés.

10-11°.

beignets de sardines, coquilles Saint-Jacques à la provençale, crustacés, daurade au safran, morue à la portugaise, oursins, rouget à la tapenade.

Ajaccio • Vin de Corse Calvi, Coteaux du Cap Corse, Figari, Porto-Vecchio, Sartène

L'essentiel des appellations corses se situe sur le pourtour de l'île, bénéficiant ainsi des influences conjuguées de la mer et de la montagne qui rafraîchissent un climat parmi les plus chauds et secs de France. Les vins ne sont donc ni lourds ni alcooleux, mais dotés, dans leur jeunesse, d'une structure parfois ferme. Les cépages locaux, au premier rang desquels figurent les sciaccarello et nielluccio, dominent dans les assemblages, complétés par les grenache, mourvèdre et carignan. Leur bouquet mêle des arômes de fruits, de fleurs et d'épices à des notes animales très caractéristiques. Globalement intenses et assez charnus, ces vins conservent des saveurs et des textures d'une réelle finesse, favorisant des associations avec des viandes rôties ou grillées, et des plats relevés par des herbes (laurier, romarin, thym), certaines épices et autres sauces légères.

15-17°.

bécasse rôtie, cabri en sauce, chevreau, carbonade, cochon de lait farci et rôti, daube de bœuf, émincé de veau aux châtaignes, veau aux olives.

Ajaccio • Patrimonio • Vin de Corse Calvi, Coteaux du Cap Corse, Figari, Porto-Vecchio, Sartène

Majoritairement issus du sciaccarello, les rosés corses sont des vins d'une couleur plutôt pâle qui se révèlent vifs et frais, parfois légèrement acidulés. En jouant sur leur acidité et leur fraîcheur, on pourra leur associer des charcuteries fumées, des salades et des crudités ainsi que des poissons et des viandes grillées, relativement neutres pour ne pas altérer le bouquet discret des vins.

8-9°.

beignets de fleurs de courgettes, céleri rémoulade, cotriade, croquettes de crevettes grises, salade de pommes de terre ou de cervelas, cannellonis à la viande.

Aloxe-Corton • Beaune • Chassagne-Montrachet • Fixin • Meursault • Morey Saint-Denis • Nuits Saint-Georges • Puligny-Montrachet • Vougeot [avec éventuellement la mention du vignoble et/ou la mention de premier cru] • Bâtard-Montrachet • Bienvenues-Bâtard-Montrachet • Chevalier-Montrachet • Corton • Corton-Charlemagne • Criots-Bâtard-Montrachet • Montrachet [avec éventuellement la mention du vignoble et/ou la mention de grand cru] • Chorey-lès-Beaune • Côtes de Beaune • Côtes de Nuits-Villages • Marsannay

C'est ici que bat le cœur des grands vins blancs de Bourgogne, avec les grands crus et quelques premiers crus de Chablis. Finesse rejoint alors puissance, sur une texture d'une grande suavité pour les meilleurs, et parfois, comme à Puligny, une certaine nervosité. Tous issus du seul chardonnay, leur ampleur tient à la fois à leur onctuosité et à leurs saveurs très persistantes qui mêlent des notes de fruits secs (amande, noisette), d'épices douces et de vanille (dues à un élevage en fûts neufs). Ce sont des vins extraordinaires à table, car leur puissance autorise toutes sortes d'alliances, des viandes aux plats épicés en passant par des fromages aux arômes puissants qui détruiraient l'harmonie d'un vin rouge. Les poissons et viandes blanches nappés d'une sauce à la crème donnent de magnifiques unions avec ces grands vins blancs dont la texture grasse et les arômes feront agréablement écho au plat.

10-12°.

foie gras, terrine de poissons, saumon braisé, sole meunière, sushis, truite au bleu, carré de porc, poularde truffée, omelette aux truffes, gratin dauphinois, fromages à pâte molle, fromages à pâte pressée peu affinés (moins de cinq ans) ; foie gras poêlé, daurade au safran, sole normande, thon basquaise, turbot sauce béarnaise, couscous, dinde aux marrons, escalope de veau à la normande, filet mignon de porc (cinq ans et plus).

Aloxe-Corton • Beaune • Chambolle-Musigny • Chassagne-Montrachet • Volnay • Volnay-Santenots • Vougeot [avec éventuellement le nom du vignoble et/ou la mention de premier cru] • Côtes de Beaune

Ces villages produisent souvent les vins les plus suaves et plus souples de la côte d'Or. Issus du pinot noir, ils sont dotés d'une matière veloutée, mais ne présentent pas une structure agressive et tannique, même pendant leur jeunesse. Ils dévoilent des arômes de fruits rouges (cerise), d'épices et de sous-bois avec, parfois, des accents discrets de venaison. Les vins classés en premiers crus possèdent, en principe, plus de profondeur et de puissance que les vins des appellations « Village » et bénéficient d'une capacité de garde supérieure. Leur texture charnue convient parfaitement aux meilleures volailles, aux gibiers à plumes ou viandes blanches, tandis que la fraîcheur de leur fruité ouvre des possibilités d'accord avec des viandes rouges (y compris crues).

14-16°.

carpaccio de bœuf, côte de veau grand-mère, échine de porc braisée, fricandeau, goulasch, lapin chasseur, poularde, poule farcie, sauté de veau aux carottes, steak tartare (moins de cinq ans) ; canard au chou, faisan aux noix, filet mignon de porc, foie de veau, pigeon rôti, ris d'agneau, ris de veau à la crème (plus de cinq ans).

Alsace chasselas • Alsace edelzwicker

Ce sont les « blancs de comptoir » en Alsace : relativement souples, frais et désaltérants, nul ne tentera d'accorder ces vins avec des plats sophistiqués. Les meilleurs d'entre eux sont légers et fruités : de très bons vins de soif avec des arômes variant généralement au gré des assemblages. En effet, l'alsace edelzwicker (parfois appelé « Gentil ») est un vin singulier dans la région, car il est issu d'un assemblage de cépages dans lequel le chasselas joue généralement un rôle important, souvent complété de pinot blanc. On peut accompagner ces vins de mets simples, servis à l'apéritif ou en entrée.

8°.

crevettes, friture de petits poissons, jambon blanc, choucroute, flamiche aux poireaux, quiches.

Alsace edelzwicker

Alsace chasselas

Alsace gewurztraminer
(avec éventuellement la mention de grand cru)

Ce cépage est le plus exubérant d'Alsace du fait de la puissance de ses arômes. Évoquant souvent la rose ou le lychee, ce vin est doté d'une texture soyeuse qui enrobe une certaine richesse alcoolique. Il se révèle puissant, surtout dans ses versions grand cru qui sont, en général, plus concentrées. Par ses arômes très marqués, il peut devenir envahissant, d'autant plus que certaines cuvées contiennent des quantités très perceptibles de sucre résiduel. On choisira donc des plats relevés par des épices pour accompagner le « gewurz » (épice en allemand) du vin ; ou encore des fromages puissants.

10-12°.

foie gras, bouillabaisse, crabe farci à l'antillaise, homard, langouste, moules au curry, boudin noir aux pommes, curry de poulet, munster.

Alsace gewurztraminer
Vendanges Tardives ou Sélection de Grains Nobles

Doux L'exubérance de ce cépage devient littéralement explosive dans les vendanges tardives, et plus encore dans le cas des sélections de grains nobles qui font partie des grands liquoreux français. Ces vins sont récoltés entre les mois d'octobre et de novembre selon le millésime, lorsque les raisins sont entrés en surmaturité, provoquant une concentration du sucre dans chaque baie. Le style de ces gewurztraminers oscille, en fonction de leur teneur en sucre résiduel, entre le demi-sec et le liquoreux. Très démonstratifs par leurs saveurs très marquées de rose, de lychee et d'épices, ils possèdent du gras et du corps et feront de belles alliances « locales » avec le munster au cumin, par exemple, qui fera ressortir le caractère épicé du vin. Toute la gamme des épices leur est ouverte, dans des versions chaudes ou froides, ainsi que des desserts à base de fruits.

10-12°.

salade chinoise, agneau au curry, munster au cumin, soufflé au citron, tarte aux fruits jaunes.

Alsace klevener de Heiligenstein

Seules quatre communes du Bas-Rhin peuvent revendiquer cette appellation qui tire sa spécificité d'un cépage, le savagnin rosé, implanté sur des coteaux très bien exposés. Proche cousin du gewurztraminer, il est à l'origine de vins charpentés, assez puissants, dotés d'arômes évoluant dans un registre floral rehaussé par une touche de minéralité et une acidité prononcée. Ses arômes et son volume le destinent à des associations avec des charcuteries éventuellement vinaigrées et des poissons fins.

8°.

salade de cervelas ou de museau, brochet au beurre blanc, quenelles de brochet sauce Nantua, choucroute.

Alsace muscat [avec éventuellement la mention de grand cru]

Le muscat possède, comme d'autres cépages alsaciens, une personnalité bien marquée. Parfumé et suave, il dévoile un bouquet aromatique enchanteur de pêche et de fleurs rehaussé de touches musquées et épicées. Certains muscats d'Alsace contiennent une quantité de sucre résiduel suffisante pour donner des demi-secs. Cela n'est cependant jamais mentionné sur la bouteille. On peut, dans ce cas, demander conseil à un caviste ou directement au producteur. Néanmoins, la plupart des vins de l'appellation sont secs et dotés d'une certaine richesse et de saveurs très fruitées qui s'avèrent très précieuses pour des accords souvent difficiles, comme des asperges. Leur volume les rend également agréables pour accompagner des mets en sauce.

10-12°.

asperges sauce mousseline, moules au curry, poularde truffée, tripes à la mode de Caen.

Alsace muscat
Vendanges Tardives ou Sélection de Grains Nobles

Doux Ces vendanges tardives sont issues de raisins récoltés tardivement. La mention sélection de grains nobles est réservée aux vins élaborés à partir de raisins attaqués par le botrytis, ce champignon qui se développe sur chaque baie et qui provoque, par évaporation de l'eau, une concentration du sucre dans le raisin. En fonction du millésime et du travail du vigneron, ces vins peuvent varier du demi-sec au liquoreux. Dans cette version, plus rare qu'en gewurztraminer, ils sont amples et très parfumés. Les meilleurs d'entre eux possèdent une grande persistance aromatique. Il faut donc les réserver à l'accompagnement de mets riches, sucrés ou sucrés-salés.

12°.

foie gras en terrine, canard laqué, pintade à l'orange, tarte aux coings.

Alsace pinot blanc [ou klevner]

« Klevner » est le nom local du pinot blanc. Ce cépage, probablement originaire de Bourgogne, est tendrement fruité et confère aux vins une certaine souplesse, pouvant atteindre une belle richesse de texture dans les cuvées haut de gamme. Ses arômes évoquent souvent les fruits jaunes et blancs avec des notes de fleurs et parfois de miel. Ce sont des vins comparables à bon nombre de bourgognes blancs, mais dotés d'une acidité moins prononcée. Ils permettent donc de multiples accords, mais on les destinera en priorité à des poissons ou à des coquillages, cuisinés au naturel, simplement poêlés ou accompagnés de sauces peu épaisses.

8-10°.

avocat au crabe, brochet au beurre blanc, coquilles Saint-Jacques poêlées, courgettes farcies.

Alsace pinot gris [avec éventuellement la mention de grand cru]

Le pinot gris est un grand cépage qui produit certains des vins les plus puissants d'Alsace. Il fait partie avec le riesling, le gewurztraminer et le muscat, des quatre cépages pouvant bénéficier, dans une cinquantaine de lieux-dits, de l'appellation Alsace Grand Cru. Le pinot gris a longtemps et abusivement été appelé « tokay » en Alsace. Il a ainsi engendré une confusion avec la très ancienne appellation hongroise du même nom, bien que le pinot gris ne fasse pas partie des cépages admis pour la production des vins, secs ou liquoreux, de Tokaji. Rebaptisée Alsace pinot gris, l'appellation donne des vins au corps capiteux et aux arômes complexes, mêlant les fruits secs, les fleurs et un léger fumé, à la fois concentrés et fins, qui les rendent aptes à des accords avec de grands plats de poisson ou de volaille. Leur puissance s'accommode également très bien des viandes blanches, voire des gibiers.

10-12°.

coquilles Saint-Jacques à la bretonne, homard, langouste, langoustine, raie aux câpres, boudin blanc, gâteau de foies de volaille, poulet aux morilles.

Alsace pinot gris
Vendanges Tardives ou Sélection de Grains Nobles

Doux Ces vins se révèlent puissants et riches, luxuriants, très tendres et dotés d'une texture veloutée. On choisira pour les accompagner des plats en sauce un peu sucrée ou des desserts à base de fruits.

12°.

pâté de foies de volaille, canard aux pêches, magret de canard sauce aux airelles, pintade aux pêches, bavarois aux fruits.

Alsace pinot noir

La production de vins rouges est très minoritaire en Alsace. Issus du pinot noir, les meilleurs d'entre eux sont assez proches des bourgognes rouges élaborés à partir du même cépage. Ils dévoilent cependant une sensation de fraîcheur plus présente et parfois un accent minéral. Pourtant, les pinots noirs d'Alsace manquent trop souvent de caractère, probablement à cause de rendements excessifs. Aussi, leur style oscille entre des vins légers aux arômes fuyants, plus proches d'un rosé que d'un rouge, à des cuvées plus concentrées où des notes de cerise et d'épices s'expriment avec intensité. Les écarts entre les vins sont tels que proposer un accord « global » n'est pas aisé, mais on privilégiera des plats qui pourront jouer sur l'acidité des vins sans pour autant masquer leurs arômes.

14°.

charcuteries, coquelet à la diable, langue de bœuf sauce ravigote, lasagnes.

Alsace pinot noir

La plupart des pinots noirs d'Alsace ressemblent à des rosés par la pâleur relative de leur robe. Ces vins rosés sont fruités, légers, frais et dotés d'une certaine acidité. Ils s'accordent parfaitement à la charcuterie locale, souvent assez fumée. Ils peuvent également remplacer un vin blanc pour accompagner un poisson.

10-12°.

sandre ou brochet, saucisses, viandes fumées.

Alsace riesling [avec éventuellement la mention de grand cru]

Le riesling est le plus fin des cépages alsaciens. Originaire d'Allemagne, il est capable d'une grande diversité d'expression selon son terroir et sa vinification. Il produit des vins capables d'une longue garde. Parfois délicats et austères dans leur jeunesse, ils révèlent une précision de saveurs rares, tantôt fruitées, tantôt minérales. Ces blancs sont souvent marqués par une acidité relativement forte, rehaussée d'arômes évoluant dans un registre minéral. Il faut donc soigner les accords avec les rieslings, en privilégiant des mets à la texture très fine.

8-10°.

foie gras d'oie, caviar, crustacés, huîtres, oursins, sole meunière, canard aux navets, choucroute.

Alsace riesling
Vendanges Tardives ou Sélection de Grains Nobles

Doux Plus rares et plus fins que les gewurztraminer vendanges tardives, ces vins présentent également davantage d'acidité. Ils peuvent être presque demi-secs ou moyennement liquoreux. Ils offrent généralement des associations étonnantes en accompagnement de certains plats asiatiques, notamment thaïlandais et chinois.

10°.

salade chinoise, rôti de porc, ananas rôti, apple crumble.

Alsace sylvaner

D'origine germanique comme le riesling et le gewurztraminer, le sylvaner possède de jolies qualités de fraîcheur et un fruité simple, mais agréable, sur des tonalités de fleurs blanches (aubépine) et de pamplemousse. Généralement peu complexes, les meilleurs sylvaners peuvent rivaliser avec certains rieslings, mais ils sont rares. Des accords avec des plats simples et éventuellement robustes constituent le domaine de prédilection de ces blancs alsaciens à déguster dans leur jeunesse.

8°.

charcuteries, crevettes, friture de petits poissons, choucroute, flamiche aux poireaux, pizza, quiche lorraine, tarte à l'oignon.

Anjou • Chinon • Coteaux d'Ancenis chenin blanc • Coteaux du Loir • Coteaux du Vendômois • Côtes d'Auvergne [avec éventuellement la mention du cru : Boudes, Chanturgue, Chateaugay, Corent, Madargues] • Jasnières • Montlouis • Saumur • Savennières • Savennières Coulée-de-Serrant • Savennières Roche-aux-Moines • Vouvray

Les vins de ces appellations contiennent souvent une quantité non négligeable de sucre résiduel, sans que nulle mention ne soit faite sur l'étiquette. Afin d'éviter toute mauvaise surprise, mieux vaut demander à un caviste (ou directement au producteur) si le vin est sec ou demi-sec. Issus d'un seul cépage, le chenin blanc, ces blancs possèdent une acidité bien présente, des arômes généralement discrets – fruités (agrumes, pomme verte) et végétaux – complétés, pour les meilleurs, d'un caractère minéral. Cette palette aromatique ainsi que l'aspect pointu des vins leur confèrent une certaine présence en bouche qui permet une large gamme d'alliances. Les vouvrays et les savennières sont les plus intenses. Ils peuvent parfois prétendre à une garde de plus de dix ans, développant alors une très belle complexité de saveurs qui, alliée à leur grande fraîcheur naturelle et à leur minéralité, favorise des unions avec toutes les viandes blanches et les poissons.

8-10°.

brandade de morue, haddock poché, hareng pommes à l'huile, paella, pot-au-feu de la mer, raie aux câpres, jarret de veau aux lentilles, pieds paquets, pintade au chou, poulet au citron, risotto à l'encre, tête de veau sauce gribiche, poivrons farcis.

Anjou • Anjou-Villages • Anjou-Villages - Brissac • Bourgueil • Chinon • Coteaux d'Ancenis [cabernet-sauvignon, cabernet franc] • Saint-Nicolas-de-Bourgueil • Saumur • Saumur-Champigny

Ces appellations de la Loire sont véritablement le fief du cabernet franc. Vinifié seul ou le plus souvent assemblé avec une touche de cabernet-sauvignon, il confère aux vins un corps moyen. Dans leur jeunesse, entre deux et quatre ans, ils sont relativement tanniques et allient une finesse propre au cépage à des arômes de fruits rouges et noirs caractéristiques. Les cuvées les plus concentrées sont dotées d'une capacité de garde pouvant atteindre une quinzaine d'années. Ces vins développent alors en vieillissant des notes de confiture, de tabac et de sous-bois. On choisira de les associer à des viandes rouges qui s'unissent parfaitement à leur côté tannique et à leur fraîcheur, ainsi qu'à des plats aux saveurs relevées (abats, agneau) ou à des mets en sauce peu épaisse.

14-16°.

queue de bœuf, rognons de veau, rouelle de porc, sauté de veau aux carottes, tempura, steak (moins de cinq ans) ; canard, faisan ou perdreau, navarin d'agneau, poularde truffée (plus de cinq ans).

Anjou Coteaux de la Loire • Bonnezeaux • Coteaux de l'Aubance • Coteaux de Saumur • Coteaux du Layon [avec éventuellement le nom de la commune] • Jasnières • Montlouis • Quarts-de-Chaume • Vouvray

Moelleux Toutes issues de vendanges tardives de chenin blanc surmûri ou botrytisé, ces appellations ne mentionnent jamais la quantité de sucre résiduel contenue dans le vin et varient du demi-sec au liquoreux. En l'absence d'indication sur la bouteille, mieux vaut se renseigner directement auprès d'un caviste ou du producteur. Les meilleurs de ces vins comptent parmi les plus grands liquoreux de France et possèdent une longévité de plusieurs décennies, due à une acidité importante. Avant tout vins de méditation, ils s'apprécient seuls ou accompagnés de mets simples comme des fruits secs. Ils dévoilent alors une palette aromatique subtile de fruits confits, d'écorce d'orange, de coing et de fleurs avec des nuances rôties propres au botrytis. Cette richesse se conjugue à une grande fraîcheur excluant toute sensation de lourdeur ou d'empâtement. La table leur reste également ouverte, à condition de ne pas leur imposer de plats trop puissants : la texture d'un foie gras, les saveurs fraîches et simples de desserts à base de fruits, voire certaines volailles rôties, sauront les accompagner sans les dénaturer.

8-10°.

foie gras, caille aux raisins, canard aux pêches, apple crumble, brioche, tarte aux fruits blancs.

Anjou Gamay • Cheverny • Haut-Poitou • Touraine [Amboise, Azay-le-Rideau, Mesland, Noble-Joué] • Vins du Thouarsais

Ces appellations produisent des vins plutôt légers et fruités, dotés d'une certaine fraîcheur et d'une texture fluide, surtout lorsqu'ils sont issus du gamay. S'agissant de l'appellation Touraine, les vins peuvent provenir d'une gamme plus large de cépages produisant des vins légers, mais plus structurés. Le caractère fruité des vins, leur souplesse et leur fraîcheur font d'eux des substituts possibles aux vins blancs pour accompagner des poissons à chair rouge. On choisira également des plats simples comme des volailles ou des charcuteries qui sauront mettre en valeur le bouquet fruité des vins.

12-14°.

moules farcies, rouget, thon basquaise, andouillette, escalope de veau à la milanaise, lapin en gibelotte, ris d'agneau ou de veau.

Anjou Mousseux • Anjou Pétillant • Crémant de Loire • Montlouis Mousseux • Montlouis Pétillant • Saumur Mousseux • Saumur Pétillant • Touraine Mousseux • Touraine Pétillant • Vouvray Mousseux • Vouvray Pétillant

Le Val de Loire et plus précisément les vignobles situés autour de la ville de Saumur représentent une part très importante dans la production française de vins effervescents. À l'origine de ces vins, le cépage chenin blanc est vinifié seul ou associé à une proportion parfois non négligeable de chardonnay et plus rarement à d'autres cépages (rouges ou blancs). Obtenus par la méthode traditionnelle de vinification, ce sont, pour la plupart, des vins légers et faiblement aromatiques offrant des notes de fleurs blanches, de fruits (agrumes, poire, pomme) et de tilleul. Plutôt nerveux, leur délicatesse proscrit des accords ambitieux avec des saveurs fortes qui masqueraient leur arômes. Si leur fraîcheur et leur simplicité donnent entièrement satisfaction à l'apéritif, ils pourront également accompagner des mets simples, tels des pâtes, des plats de légumes ou des poissons de rivière.

6-8°.

à l'apéritif, friture de petits poissons, gougères, brochet au beurre blanc, écrevisses à la nage, boudin blanc, flamiche aux poireaux, endives à la béchamel, gnocchis.

Anjou Pétillant

Anjou Mousseux

Anjou-Villages

Anjou

Anjou-Villages - Brissac

Anjou

Arbois • Arbois-Pupillin • Côtes du Jura • L'Étoile

Les blancs secs du Jura sont en majorité issus du savagnin et du chardonnay. Le premier, le cépage du vin jaune, donne des vins très typés aux notes reconnaissables de fruits secs (noix) et de torréfaction, avec une faible acidité et une certaine ampleur. Le second produit des vins plus droits, vifs et minéraux, marqués par des notes de fruits jaunes et d'agrumes. La qualité gustative des vins évolue donc en fonction des choix d'assemblages. Ces personnalités très différentes permettent des accords vastes qui jouent soit sur la fraîcheur du vin avec la gamme des poissons et crustacés, soit sur la typicité très marquée des arômes qui affronteront des saveurs plus relevées.

8-10°.

volaille à la crême, morue en gratin, poisson sauce meunière, terrine de poissons, truite au bleu, gâteau de foies de volaille, fromages à pâte cuite.

Arbois • Arbois-Pupillin • Château-Chalon • Côtes du Jura • L'Étoile

Vin jaune Roi incontesté de la région jurassienne, le vin jaune est issu d'un lent et long processus de vieillissement d'un minimum de six années et trois mois pendant lequel se forme un voile de levures à la surface du fût qui permet une oxydation maîtrisée du vin. Se développe alors une gamme d'arômes inimitables et très complexes de noix, de curry et d'amande qui font la singularité du vin jaune dans le paysage viticole français. En bouche, il conjugue puissance, volume et longueur, et se termine sur une finale très sèche dotée d'une touche d'amertume. Une telle profusion de sensations peut s'accorder à la puissance des fromages affinés tel le traditionnel vieux comté, mais aussi à des épices (type curry) dont les arômes feront écho à ceux du vin.

10-12°.

avocat au crabe, croûtes aux morilles, huîtres, moules au curry, oursins, agneau ou poulet au curry, chili con carne, poularde aux noix, poulet au vin jaune, comté.

Arbois • Arbois-Pupillin • Côtes du Jura • L'Étoile

Vin de paille Assemblages de savagnin, chardonnay et poulsard, les vins de paille sont produits à partir de raisins séchés, très concentrés en sucre. Il en résulte des vins rares, très riches, denses et épais dont les arômes couvrent la gamme des fruits confits, du miel et du pain d'épices. Leur amplitude prendra inévitablement le dessus sur nombre de plats ; aussi faut-il leur réserver des desserts simples à base de fruits blancs et jaunes ou dotés de saveurs confites ou caramélisées sans oublier les crêpes ou les gaufres à la confiture.

7-9°.

crème brûlée, crêpes, gaufres à la confiture, tarte aux noix ou aux pralines, tarte Tatin.

Arbois • Arbois-Pupillin • Côtes du Jura

Les vins rouges du Jura sont issus, selon la législation des appellations concernées, des cépages locaux tels le poulsard ou le trousseau, ainsi que d'autres venus de la Bourgogne voisine : le pinot noir ou le gamay. Quel que soit le cépage, le climat frais du Jura produit naturellement des vins pâles, vifs et frais, à boire durant leurs trois premières années. Ils révèlent alors des arômes de fruits rouges et parfois des notes légèrement épicées, sur une structure oscillant entre fluidité et tanins légers. Les viandes rouges rôties ou braisées absorberont l'acidité et les tanins du vin tout en laissant s'exprimer ses arômes fruités. Les charcuteries et les salaisons, à la fois grasses et salées, conviennent également à ces vins tout en vivacité.

13-15°.

charcuteries cuites et crues, poulet rôti, veau aux morilles.

Arbois • Côtes du Jura

Le Jura produit des rosés de caractère. Si le pinot noir et le trousseau peuvent également entrer dans sa composition, le poulsard est le cépage le plus utilisé et le plus intéressant. La vinification de ce rosé est atypique puisqu'on l'obtient à l'issue d'une cuvaison longue pouvant s'étaler sur vingt et un jours. Issus d'un cépage peu colorant, le poulsard, ces vins n'affichent pas une robe soutenue, mais possèdent du corps et des arômes riches et complexes de petits fruits rouges, de baies sauvages, d'épices complétés de notes fumées et minérales. Ce rosé de table saura attendrir les viandes séchées et salées, les charcuteries, mais également mettre en valeur, par ses arômes, des poissons fins.

9-12°.

jambon persillé, calamars à la niçoise, raie en salade, rouget en papillote, tête de veau, viandes séchées.

Arbois Mousseux • Côtes du Jura Mousseux • Crémant du Jura • L'Étoile Mousseux

Le climat frais de la région est bien adapté à la production de vins mousseux à la fois vifs et frais. Le chardonnay constitue l'essentiel des cuvées et peut également être associé au savagnin ou au pinot noir (vinifié en blanc). Ce cépage confère aux vins leur caractère vif, plein de fraîcheur, marqué par des notes fruitées (agrumes, pomme ou poire) et florales. Souples et alertes, ils accompagneront un apéritif, mais aussi des mets dévoilant des saveurs peu intenses comme des entrées salées.

6-8°.

à l'apéritif, cuisses de grenouille, escargots, tomates farcies.

Arbois Mousseux • Côtes du Jura Mousseux • Crémant du Jura • L'Étoile Mousseux

Quelques très rares effervescents rosés sont produits dans le Jura. Leurs arômes légers de fruits rouges les destinent avant tout à l'apéritif avec des petits fours sucrés ou des gâteaux secs de type boudoir.

6-8°.

à l'apéritif.

Arbois-Pupillin

Arbois

Arbois Vin jaune

Arbois Vin de paille

Arbois

Auxey-Duresses • Givry • Ladoix • Maranges • Mercurey • Montagny • Monthélie • Pernand-Vergelesses • Rully • Saint-Aubin • Santenay • Savigny-lès-Beaune [avec éventuellement le nom du vignoble et/ou la mention de premier cru] • Mâcon • Mâcon Supérieur • Mâcon-Villages • Pouilly-Fuissé • Pouilly-Loché • Pouilly-Vinzelles • Saint-Romain • Saint-Véran • Viré-Clessé

Certains seulement de ces villages de la côte de Beaune, de la côte chalonnaise et du Mâconnais sont spécialisés dans la production de vins blancs, mais tous ces vins partagent le même cépage, le chardonnay. Ils sont pour la plupart de moyenne corpulence avec un équilibre variable entre gras et acidité, selon le millésime et la vinification. Assez souples, ils offrent des arômes de fruits jaunes et de fruits secs, de fleurs et de miel. On choisira ces blancs pour accompagner des fruits de mer, poissons ou volailles, mais également des fromages peu affinés à pâte pressée cuite dont la texture ferme trouvera un peu de moelleux dans la rondeur des vins.

8-10°.

terrine de poissons, sole meunière, sushis, truite au bleu, carré de porc, cuisses de grenouille, cantal, comté, emmenthal, gruyère.

Auxey-Duresses • Blagny • Fixin • Givry • Ladoix • Maranges • Mercurey • Meursault • Monthélie • Pernand-Vergelesses • Puligny-Montrachet • Rully • Saint-Aubin • Santenay • Savigny-lès-Beaune [avec éventuellement le nom du vignoble et/ou la mention de premier cru] • Chorey-lès-Beaune • Côtes de Beaune-Villages • Côtes de Nuits-Villages • Marsannay • Saint-Romain

Les vins rouges de ces villages de la côte de Nuits, de la côte de Beaune et de la côte chalonnaise sont élaborés à partir du seul cépage pinot noir. Dotés d'une certaine étoffe et d'une matière suave, ils dévoilent rarement une charpente très puissante. Peu tanniques, ils reposent essentiellement sur une texture fine et des arômes à la fois de fruits, de terre et d'épices. Ils sont d'excellents partenaires pour les volailles, les viandes blanches, et les viandes mijotées. On choisira également de les accompagner de poissons à chair rouge ou cuisinés avec une sauce au vin rouge, ou encore de légumes dans des préparations peu grasses qui respecteront les saveurs fruitées du vin.

14-16°.

lamproie à la bordelaise, bœuf bourguignon ou ficelle, cannellonis à la viande, coq au vin, grillades, langue de bœuf sauce ravigote, pot-au-feu.

Ayze Mousseux • Mousseux de Savoie • Mousseux du Bugey • Pétillant de Savoie

Si les vins de Savoie et du Bugey sont issus de différents cépages (altesse, chardonnay, chasselas, molette, gringet, etc.), ils partagent leur fraîcheur, leur légèreté et leurs arômes floraux peu intenses. Ils sont à apprécier à l'apéritif, dans leur année de production. Les vins pétillants d'Ayze ont le caractère le plus affirmé. Issus du cépage gringet (très proche du savagnin jurassien), ils possèdent également vivacité et fraîcheur, et expriment une palette aromatique plus intense d'agrumes, de pêche et de fleurs qui leur permettra d'accompagner un repas entier. Outre la traditionnelle fondue savoyarde, on peut également leur destiner toute la gamme des mets croquants (croquettes, beignets) dont les saveurs discrètes respecteront les arômes délicats du vin.

6-8°.

à l'apéritif, beignets de fleurs de courgettes, biscuits salés, gougères, fondue savoyarde.

Bandol • Coteaux d'Aix-en-Provence

Ces blancs, issus de bourboulenc, clairette, ugni blanc et sauvignon montrent des facettes différentes en fonction des assemblages. Ils sont pour la plupart relativement frais et faiblement aromatiques dans un registre végétal (fleurs, tilleul) et fruité (agrumes, amande, pêche). Leur simplicité et leur légèreté nécessitent des mets simples aux saveurs peu relevées à base de poisson ou de légumes. Quelques cuvées possèdent davantage de matière et de puissance appelant notamment des poissons préparés avec des sauces peu épaisses.

10-11°.

friture, terrine de poissons, beignets de sardines, plateau de fruits de mer, poisson au vin blanc ou en croûte de sel, sole meunière, courgettes sautées.

Bandol

Le cépage mourvèdre imprime sa marque à tous les rouges de Bandol. Ce sont des vins colorés, denses, concentrés, dotés de tanins puissants et d'une acidité assez présente dans leur jeunesse. Le temps assouplit cette austérité, dévoilant un bouquet aromatique complexe alliant le cuir, la venaison, l'olive, la réglisse, le laurier et le thym. On choisira d'associer cette complexité à des gibiers, des volailles et des sauces à base de vin en évitant les sauces crémeuses. On prendra également soin de choisir des plats relativement épurés capables de mettre en valeur la finesse d'un vieux bandol. Des viandes en sauce, plus riches et plus grasses, sauront toutefois absorber la force tannique d'un jeune bandol.

15-16°.

filet de bœuf sauce marchand de vin, lapin aux pruneaux, coq au vin (trois à cinq ans) ; cuissot de marcassin, lièvre à la royale, rognons de veau, tajine d'agneau aux olives (six à quinze ans).

Bandol • Les Baux de Provence • Bellet • Cassis • Coteaux d'Aix-en-Provence • Coteaux de Pierrevert • Coteaux Varois • Côtes de Provence • Palette

Toutes les appellations de Provence produisent des vins rosés. La gamme des cépages est large, mais le grenache, le cinsault et le carignan dominent le plus souvent les assemblages. La couleur du vin peut à priori permettre de définir le style d'un rosé : très pâles, dits « pelure d'oignon », ils sont légers, frais et offrent des saveurs discrètes. Plus colorés, jusqu'au rubis léger, ils seront nécessairement plus vineux, dotés d'arômes plus concentrés (fruits rouges) et parfois de tanins très légers. De manière générale, il est alors préférable de ne pas leur associer des plats trop puissants qui masqueraient les qualités du vin. Les repas d'été à base de salades (les rosés supportent mieux que d'autres vins la vinaigrette), de charcuteries crues et cuites, de grillades ou de fruits de mer feront donc l'affaire de ces vins vifs et légers. Pour les cuvées plus riches dotées d'arômes plus concentrés, on préférera des plats de légumes grillés ou farcis, des poissons grillés ou certaines viandes plus puissantes.

8-11°.

beignets de fleurs de courgettes, carottes râpées, feuilles de vigne farcies, galantine, jambon, pâtés, rillettes, saucisson, sardines grillées, salade chinoise (rosés légers) ; bouillabaisse, osso bucco, rouget en papillote, saint-pierre au four, paella, salade de poulpes, thon basquaise, côtelettes d'agneau, tian de légumes d'été, tomates et aubergines farcies (rosés corsés).

Banyuls • Banyuls Grand Cru • Maury

Doux Ces vins blancs doux sont issus de cépages comme le grenache blanc, le maccabeu, le muscat à petits grains, le muscat d'Alexandrie ou le tourbat. Ils proviennent pour la plupart d'assemblages, mais quelques cuvées peuvent être élaborées à partir d'un seul cépage (grenache blanc ou maccabeu). Ronds et relativement frais, ces vins dévoilent une belle palette aromatique sur des notes d'agrumes, de poire et d'eau-de-vie rehaussées de nuances plus complexes de miel, d'orange confite et d'abricot sec. Ce sont de bons vins de dessert dont les saveurs accompagneront agréablement tartes aux fruits blancs et salades de fruits frais. Le citron peut également constituer un bon pendant à ces vins ronds en leur communiquant un zeste supplémentaire de fraîcheur.

12°.

foie gras, salade de fruits, tarte au citron ou aux pêches.

Banyuls • Banyuls Grand Cru • Maury

ou ambré doux La difficulté pour définir des accords avec ces appellations réside dans la diversité des styles que l'on y trouve. Certains vins, à la robe rouge foncé, sont vieillis essentiellement en bouteille et peuvent être comparés à des portos. Ils portent généralement la mention « vintage », parfois « rimage ». Riches en alcool et en sucre, légèrement tanniques, ils sont parés d'arômes très complexes (cacao, café, eau-de-vie, fruits noirs). Ils feront honneur à des desserts au chocolat amer qui n'assécheront pas leur puissance. D'autres, plus pâles, ambrés, se destinent davantage à des desserts « de la même couleur », ou avec certains fromages.

12-14°.

fromages bleus, tarte aux prunes, tous les desserts au chocolat (privilégier le chocolat amer).

Banyuls Grand Cru

Banyuls **Doux**

Banyuls **ou ambré doux**

Barsac • Sauternes

Liquoreux Ces appellations produisent les plus grands liquoreux du Bordelais à partir de raisins botrytisés. Concentrés, riches et onctueux, ces vins dévoilent des arômes évoquant pêle-mêle les fruits blancs et jaunes, les fleurs et des notes caractéristiques de « rôti », à mi-chemin entre le champignon et le miel. Cette palette aromatique s'étend indéfiniment avec le temps, pouvant même évoluer pendant plusieurs décennies. Le mets devra donc accompagner l'opulence du vin par des textures fondantes et des saveurs de même nature : fruitée, rôtie ou caramélisée. S'agissant de vieux millésimes, on ne saurait trop conseiller de boire ces vins seuls, car la complexité de leurs arômes constitue à elle même un repas !

11-13°.

fois gras, homard rôti aux châtaignes, canette rôtie aux mangues et au gingembre, pintade à l'orange, fromages à pâte persillée, tarte aux fruits, desserts à base d'amande (quatre à dix ans) ; à déguster seul (dix à cinquante ans) !

Bâtard-Montrachet Grand Cru

Aloxe-Corton

Les Baux de Provence • Coteaux de Pierrevert • Coteaux Varois • Côtes de Provence

Ces appellations ne consacrent guère plus de 5 % de leur production aux blancs. Parmi les cépages les plus répandus, la clairette et le sémillon donnent aux vins du corps et des arômes de fleurs, d'amande et de fruits jaunes.

L'ugni blanc, le rolle ou le grenache blanc, selon les assemblages, apportent leurs notes fruitées et florales. Généralement secs et nerveux, à boire dans leurs premières années, ils soutiennent les fruits de mer par leur fraîcheur, mais aussi généralement une vaste gamme de produits de la mer préparés simplement.

10-11°.

crevettes, friture de petits poissons, plateau de fruits de mer, beignets de fleurs de courgettes, fromages de chèvre.

Les Baux de Provence

Cassis

Bandol

Béarn • Béarn-Bellocq • Jurançon Sec • Pacherenc du Vic-Bilh

Ces blancs secs du Sud-Ouest, issus des petits et gros mansengs sont, dans leur jeunesse, des vins assez droits, marqués par une belle trame acide et des notes de fruits jaunes (abricot, fruits exotiques) pouvant évoluer vers la noisette et la truffe blanche. Nerveux, possédant parfois gras et épaisseur, ils sauront tenir tête à des plats à base d'œufs, dont la texture très grasse du jaune rend l'accord avec un vin difficile. Des poissons fins, certains crustacés et toute la gamme des charcuteries cuites pourront également être de beaux alliés.

11°.

cervelas, galantine, museau, crustacés, moules marinières, saint-pierre au four, truite aux amandes, œufs brouillés.

Béarn • Béarn-Bellocq • Madiran

À Madiran, le cépage tannat déploie toute sa puissance tannique dans des vins de garde à la fois concentrés et intenses. Traditionnellement austères dans leur jeunesse, ils acquièrent, à partir d'une dizaine d'années, une belle profondeur de fruits. Ces appellations sont dotées d'arômes de fruits noirs et de terre, soutenus par une structure qui conserve une certaine nervosité. Certains producteurs ont récemment beaucoup œuvré pour assouplir ces vins en leur apportant davantage de moelleux. On associera en priorité aux madirans âgés de moins de cinq ans des plats d'automne en sauce, tel un confit dont la texture grasse et fondante sera bien contenue par l'acidité et la force tannique du vin. Après dix ou quinze ans de garde, les saveurs des bons madirans convergent vers celles des gibiers à plumes.

15°.

cassoulet, civet ou daube de bœuf, confit de canard ou d'oie, tournedos sauce béarnaise (moins de cinq ans) ; perdreau ou faisan en cocotte (cinq à vingt ans).

Béarn • Béarn-Bellocq • Tursan

Ces rosés du Sud-Ouest sont issus du tannat et du cabernet-sauvignon. Dotés d'une robe claire, ils sont plutôt légers dévoilant une palette d'arômes délicats, à la fois fruités et floraux. Leur côté net et désaltérant les destine surtout à une consommation estivale autour de tartes froides, de salades ou de charcuteries.

11°.

tarte à la tomate, salade de gésiers confits, charcuteries.

Béarn-Bellocq

Béarn

Béarn

Béarn

Beaujolais blanc • Coteaux du Lyonnais • Saint-Amour

Les blancs représentent une part infime de la production de la région. Dotés d'une agréable fraîcheur, ces vins dévoilent des arômes de fruits blancs et de fleurs dans un style qui évoque les vins du Mâconnais. Issus du cépage chardonnay, ils présentent parfois une pointe de nervosité supplémentaire, ce qui convient bien à certaines alliances difficiles, notamment avec des mets fumés, gras ou avec une vaste gamme de poissons.

8-10°.

à l'apéritif avec des petits fours salés, feuilles de vigne farcies, brandade de morue, harengs pommes à l'huile, croque-monsieur, fondue savoyarde, salade chinoise, artichauts à la barigoule.

Beaujolais • Beaujolais Supérieur • Coteaux du Lyonnais

Les meilleurs beaujolais nouveaux dévoilent un délicieux bouquet de fruits frais et acidulés qu'il convient de découvrir dans sa prime jeunesse. Ce vin mis sur le marché le troisième jeudi de novembre est le fidèle descendant de presque tous les vins rouges d'autrefois, avant l'invention et la généralisation de techniques sophistiquées de vinification et d'élevage. L'absence de tanins dans ce vin s'explique à la fois par le cépage utilisé, le gamay, et par les choix opérés lors de la vinification. Cette caractéristique ainsi que sa vivacité le destinent plus particulièrement à accompagner des mets simples, légèrement gras : on se méfiera toutefois du traditionnel saucisson sec qui laisse souvent derrière lui un goût métallique désagréable.

Vendus plus tard que les beaujolais nouveaux – légalement à partir du 15 décembre – les beaujolais « classiques » sont issus d'une vinification plus longue. Ainsi, leurs saveurs sont un peu plus affinées, et l'acidité moins prononcée. Ces rouges « de soif », légers et très fruités regorgent d'arômes de petits fruits rouges et constituent un excellent choix pour accompagner les poissons, afin de remplacer l'accord traditionnel avec un vin blanc. Leur fraîcheur et leurs notes fruitées intenses soutiennent également des textures grasses, des saveurs salées et des sauces elles-mêmes légèrement acides, notamment à base de tomates.

12-14°.

jambon fumé ou salé, pâté de foies de volaille, saumon à l'oseille, nems, omelette aux champignons, petit salé aux lentilles, pizza, polenta, poulet en croûte de sel, riz à la basquaise, rôti de porc à l'ananas, tagliatelles sauce bolognaise, tête de veau sauce ravigote, travers de porc aigre-doux, tomates à la provençale.

Beaujolais • Coteaux du Lyonnais

Bien que très faible, il existe une petite production de vins rosés dans le Beaujolais. Ils sont élaborés à partir du gamay, cépage qui convient très bien à ce type de vin. Sa fraîcheur et ses arômes fruités sont ses meilleurs atouts dans des alliances assez variées, avec une prédilection pour la charcuterie locale dont le gras vient équilibrer l'acidité du vin. Celle-ci saura également maîtriser des préparations relevées et épicées venues du Sud.

8-10°.

rouget en papillote, gras double à la lyonnaise, paella, pipérade.

Beaujolais Supérieur

Beaujolais

Beaujolais-Villages • Brouilly • Chénas • Chiroubles • Côte de Brouilly •

Fleurie • Juliénas • Morgon • Moulin-à-Vent • Régnié • Saint-Amour

Tout en conservant leurs qualités fruitées et leur fraîcheur, les crus du Beaujolais et plus particulièrement ceux des communes de Morgon, Fleurie, Moulin-à-Vent et Chénas demeurent les plus structurés, complexes et intenses des vins rouges de la région. Issus comme les autres beaujolais rouges du cépage gamay, ils méritent, dans les bons millésimes, une garde de quelques années. Leur expression s'approche alors des bourgognes rouges. Les arômes typiques de fruits rouges (cerise) d'un jeune gamay prennent avec l'âge des accents plus complexes d'épices et de kirsch sur des notes légèrement animales. On dit alors du vin qu'il « pinote » en référence au caractère d'un pinot noir un peu âgé. Cela ouvre la voie à de vastes possibilités d'accords. Ainsi, aux traditionnelles charcuteries, s'ajoute la gamme des viandes rouges, des volailles ainsi que des sauces grasses et riches.

14-16°.

andouillette, bavette à l'échalote, bœuf bourguignon, poulet aux quarante gousses d'ail, pot-au-feu, saucisses-purée, saucisson chaud et pommes à l'huile, tablier de sapeur, tête de veau farcie, travers de porc, tripes, tripoux, gratin dauphinois, pommes de terre sarladaises.

Beaune (avec éventuellement la mention de premier cru)

Aloxe-Corton

Aloxe-Corton

Bellet

Les blancs de Bellet doivent leur spécificité en Provence à un encépagement particulier dominé par le rolle, la roussanne et le spagnol. Leur nez parfumé allie des arômes floraux, végétaux et fruités (poire) dans un ensemble fin et frais possédant une jolie matière. Les saveurs et la texture relativement moelleuse d'un poisson répondront aux arômes et à la suavité du vin. Après quelques années de garde, ces bouteilles peuvent gagner en complexité et s'accorder à des viandes blanches et à certains fromages jeunes.

10-11°.

daurade grillée, loup au fenouil, escalope à la crème, comté (jeune).

Bellet

Aussi originaux en rouge qu'en blanc, ces vins se démarquent de leurs voisins de Provence par leur composition originale (braquet, folle noire et cinsault dominants). Ce sont des vins dévoilant des arômes exubérants, floraux et épicés, dotés d'une matière généreuse et plutôt ronde. Leur sève et leur caractère aromatique, surtout après quelques années de vieillissement, demandent qu'on les associe avec des viandes grillées ou rôties aux saveurs assez puissantes. On peut également les unir à des plats accompagnés d'une sauce peu épaisse à base de légumes ou de fruits (par exemple : tomates, carottes, pruneaux, olives).

15-16°.

canard aux pruneaux, gigot de mouton au four ou à la broche.

Bellet

Bandol

Bergerac • Montravel

Élaborés principalement à partir des cépages sauvignon, sémillon et muscadelle, les meilleurs vins blancs de Bergerac sont capables d'une grande finesse d'arômes, mêlant les fruits blancs, les fleurs blanches et les agrumes. Leur structure vive, mais rarement agressive, exige des plats fins comme des poissons de rivière. Certaines cuvées plus riches dotées d'une texture onctueuse et d'une acidité mesurée seront de parfaites compagnes pour des volailles ou des viandes blanches en sauce.

10°.

brochet au beurre blanc ou en papillote, blanquette de veau, escalope de veau à la normande.

Bergerac • Côtes de Bergerac • Pécharmant

Le Bergeracois produit des vins principalement issus des cépages bordelais cabernet-sauvignon, cabernet franc et merlot auxquels viennent s'ajouter des cépages d'appoint : les malbec, fer servadou et mérille. Ces vins d'une densité moyenne et plutôt fruités sont dotés de tanins souples et d'une palette aromatique allant des fruits rouges et noirs à des notes de sous-bois et de tabac. Leur texture, généralement suave, et leur densité moyenne appellent des plats d'une puissance modérée. La simplicité est donc de mise pour les bergeracs rouges : on privilégiera toute la gamme des viandes rouges et des charcuteries. Mais pourquoi ne pas envisager des plats plus goûteux avec des côtes-de-bergerac ou des pécharmants un peu âgés, plus denses et tanniques, dont les saveurs plus évoluées épouseront celles d'une viande de caractère.

14-16°.

jambon persillé, pâtés, viandes rouges (moins de quatre ans) ; bécasse rôtie, canard, gigot d'agneau (quatre à huit ans).

Bergerac • Côtes de Bergerac

La production des rosés de la région reste confidentielle. Ces vins dévoilent une certaine fraîcheur aromatique marquée par des notes de petits fruits rouges parfois rehaussées d'épices. Ils possèdent toute la vivacité nécessaire à l'équilibre d'un rosé et peuvent donc être servis à l'occasion de repas d'été simples, autour de charcuteries, de viandes blanches froides ou de grillades. Certaines cuvées se révèlent cependant plus riches en sucre, sans qu'aucune mention ne soit faite sur l'étiquette. Ces rosés demi-doux constitueront un apéritif idéal. Pour varier, on peut également les déguster au dessert pour accompagner des petits fours sucrés.

11°.

charcuteries sèches et fumées, rôti de porc froid, salades variées, tartelettes aux fruits.

Bienvenues-Bâtard-Montrachet Grand Cru

Aloxe-Corton

Blagny (avec éventuellement mention de premier cru)

Auxey-Duresses

Blanquette de Limoux • Crémant de Limoux

Issus d'un assemblage de mauzac (dominant), de chenin et de chardonnay, ces vins effervescents offrent généralement un joli bouquet, à la fois floral et fruité (agrumes, pomme granny). Légers mais nerveux, ils donneront le meilleur d'eux-mêmes à l'apéritif, servis avec des toasts salés ou avec des plats simples à la texture croquante et aux saveurs peu entêtantes. Dans leur version demi-sec, la gamme des accords s'élargit à des desserts aux fruits.

7-9°.

à l'apéritif, croquettes de crevettes grises, croquettes de pommes de terre, gougères, tapenade, croque-monsieur, charlotte aux fruits (pour les demi-secs).

Blaye • Bordeaux Côtes de Francs • Côtes de Blaye • Côtes de Bourg • Entre-Deux-Mers • Entre-Deux-Mers Haut-Benauge • Graves de Vayres • Premières Côtes de Blaye • Premières Côtes de Bordeaux • Sainte-Foy-Bordeaux

Vinifiés pour être bus dans leur jeunesse, ces blancs secs sont à la fois vifs et frais. Souvent marqués par les arômes citronnés du sauvignon, ces vins sont plutôt légers et fluides, même si le sémillon peut dominer dans certaines cuvées et procurer ainsi davantage de gras, tout en étendant sa gamme à des notes fruitées (abricot, pêche) et mielleuses. Par leur vivacité et leur aptitude à absorber le sel, ils seront de parfaits partenaires pour une large palette de poissons et de crustacés.

8-10°.

poulet au citron, terrine froide de poissons, crevettes grises, huîtres, plateau de fruits de mer, langoustine à la mayonnaise, maquereau au vin blanc, moules marinières, sardines ou truite grillées.

Blaye

Bordeaux

Bonnes-Mares Grand cru • Chambertin • Chambertin Clos-de-Bèze • Chapelle-Chambertin • Charmes-Chambertin • Clos de la Roche • Clos de Tart • Clos de Vougeot • Clos des Lambrays • Clos Saint-Denis • Corton • Échezeaux • Grands-Échezeaux • Griotte-Chambertin • La Grande Rue • La Tâche • Latricières-Chambertin • Mazis-Chambertin • Mazoyères-Chambertin-Musigny • Richebourg • Romanée • Romanée-Conti • Romanée Saint-Vivant • Ruchottes-Chambertin (grands crus, avec éventuellement le nom du lieu-dit)

Les grands crus rouges de la côte d'Or ne représentent qu'une part infime de la production des vins de Bourgogne, mais ce sont eux qui, avec leurs cousins en blanc, portent l'image prestigieuse de la région. Tous issus du pinot noir, leurs caractéristiques individuelles suivront, en plus concentrées, les tendances des vins de leur commune d'origine. Ces dernières ne sont pas mentionnées sur l'étiquette, sauf lorsque le vigneron y réside. Ainsi, Clos du Tart dépend de la commune de Morey-Saint-Denis tandis que Bonnes-Mares dépend de celle de Chambolle-Musigny. Toutefois, l'ensemble des vins ayant le statut de grand cru doit révéler une force et une longueur supérieures aux autres vins rouges de la côte d'Or, mais aussi davantage de finesse et de suavité. Leurs arômes de fruits rouges et noirs bien mûrs (cerise) et d'épices (poivre) se muent en vieillissant en un bouquet particulièrement complexe où l'on retrouve le kirsch, les fruits confits, le cuir et des notes animales. On pourra les accompagner de toutes les viandes, mais on veillera à éviter des préparations relevées par des épices (type piment) trop puissantes. On réservera de belles viandes rouges, certains abats, des volailles à la chair tendre, dans des préparations en sauce (à base de vin et de champignons par exemple), aux plus jeunes d'entre eux. Les plus évolués marieront leurs saveurs épicées et animales à des viandes fortes (agneau, gibier).

15-17°.

salmis de palombes, entrecôte marchand de vin, filet de bœuf sauce Périgueux, rognons de veau (moins de dix ans) ; faisan rôti, gigot de sept heures, magret de canard sauce aux airelles, noisette de chevreuil, perdrix aux choux (plus de dix ans).

Bonnezeaux

Anjou Coteaux de la Loire **Demi-sec ou moelleux**

Bordeaux • Blaye • Bordeaux Supérieur • Graves de Vayres • Premières Côtes de Blaye • Premières Côtes de Bordeaux • Sainte-Foy-Bordeaux

Bordeaux et Bordeaux Supérieur sont des appellations génériques produites sur l'ensemble du vignoble bordelais, sur des sols nécessairement très variés ; tandis que les autres appellations de la région émanent de zones précises situées soit dans l'Entre-Deux-Mers, soit sur la rive droite de la Gironde. Bien que présentant de multiples visages, ces vins apparaissent moyennement corsés, plutôt souples et frais, dotés de tanins légers et parfois asséchants. En bouche, sans être très exubérants, leurs arômes oscillent entre les fruits noirs et rouges et des notes plus végétales (poivron, sous-bois) avec, parfois, la marque d'un élevage en fûts (notes grillées ou vanillées). Bien des propriétaires façonnent aujourd'hui des cuvées plus riches, avec davantage de matière et de structure, qui réclament quelques années de garde. Ces vins s'accorderont parfaitement avec une large gamme de viandes notamment les rouges qui, grâce à leur côté juteux, absorberont les tanins et l'acidité des vins.

15-16°.

jambon fumé, bavette à l'échalote, chiche kebab, côtelettes d'agneau, rosbif, tournedos grillé (entre un et trois ans) ; bœuf miroton ou gros sel, caille aux raisins, coq au vin, veau marengo (entre quatre et dix ans).

Bordeaux Clairet • Bordeaux Rosé • Bordeaux Supérieur

Le clairet qui était jusqu'au XVIIIe siècle le vin de référence de la région est aujourd'hui produit en quantités très limitées, ce qui ne l'empêche pas de montrer une facette parfois très séduisante. Issus d'une macération longue pour un vin de ce type, ces rosés à la robe colorée sont construits autour d'arômes puissants de fruits rouges, d'un corps vineux pouvant parfois être légèrement tannique et soutenu par une acidité vivifiante. Ces vins feront face à des plats légèrement épicés, à certains poissons et aux grillades.

10-12°.

brochettes, saucisses grillées, couscous, jambon braisé, crevettes flambées, rouget, thon, sushis.

Bordeaux Côtes de Francs

Blaye

Bordeaux Côtes de Francs • Côtes de Castillon • Lussac Saint-Émilion • Montagne Saint-Émilion • Puisseguin Saint-Émilion • Saint-Émilion • Saint-Émilion Grand Cru • Saint-Georges Saint-Émilion

La rive droite de la Dordogne est exclusivement consacrée à la production de vins rouges. Le merlot, cépage largement dominant dans cette région, façonne des vins généralement assez ronds et chaleureux qui délivrent des arômes riches de prune, de cerise noire, d'humus et de végétaux. Complétés de bouchet, nom local du cabernet franc, et parfois de cabernet-sauvignon, les vins prennent un aspect ferme et tannique. La plupart de ces rouges sont à boire dans leurs cinq ou six premières années, mais les cuvées plus concentrées tiendront une bonne décennie, parfois bien plus. Jeunes et fruités, leurs tanins doux accompagneront les viandes rouges. Plus mûrs, leurs arômes tertiaires se confondront avec ceux de saveurs plus évoluées.

15-16°.

brochettes d'agneau grillées, entrecôte au beurre d'estragon, magret de canard (deux à quatre ans) ; canard aux pruneaux, civet de lièvre, entrecôte forestière, cèpes à la bordelaise, truffes noires (cinq à dix ans).

Bordeaux Rosé

Bordeaux Clairet

Bordeaux Sec • Bordeaux Supérieur

Produits dans toute l'aire d'appellation du Bordelais, ces vins provenant très majoritairement des trois principaux cépages blancs de la région (sauvignon, sémillon et muscadelle) révèlent un côté charmeur, vif et sec. Frais sans être agressifs, ils allient la légèreté, à des saveurs qui empruntent aux trois cépages des notes d'agrumes, de végétaux, de fruits jaunes et de fleurs. Les mets ne doivent pas écraser ces blancs rarement puissants ou persistants, mais davantage jouer sur leur fraîcheur en respectant leurs arômes. On choisira donc des poissons de rivière, des plats de légumes verts et blancs ou des fromages à pâte pressée.

11°.

terrine froide de poissons, brandade de morue, brochet au beurre blanc, crustacés, truite ou lieu sauce meunière, chou-fleur en gratin, courgettes, endives braisées, poireaux, pommes de terre, fromages à pâte pressée.

Bordeaux Supérieur

Bordeaux sec

Bordeaux Supérieur • Côtes de Bordeaux Saint-Macaire • Graves de Vayres • Graves Supérieures • Premières Côtes de Bordeaux

Moelleux Ces moelleux sont le plus souvent issus de raisins très mûrs ou surmûris. Ils développent de jolis arômes de fruits jaunes, rehaussés de notes évoquant l'acacia et le miel. Assemblages de sémillon, sauvignon blanc et muscadelle, ils sont plutôt légers et fluides ou plus denses en fonction des producteurs et des millésimes, mais ils conservent généralement une certaine fraîcheur. Leur caractère fruité sera bien mis en valeur à l'apéritif, avec des petits fours salés, des canapés à base de fromage ou des gougères, mais il sied également à des desserts aux fruits, avec ou sans pâte.

11°.

clafoutis, salade de fruits frais, tarte aux abricots, à la mirabelle, aux pommes ou aux prunes.

Bordeaux Supérieur

Bordeaux

Bordeaux Clairet

Bourgogne (éventuellement avec la mention d'un des villages suivants situés dans la région auxerroise : Chitry, Côte Saint-Jacques, Côte du Couchois, Coulanges-La-Vineuse, Épineuil) • Bourgogne Côte Chalonnaise • Bourgogne Côte d'Auxerre • Bourgogne Hautes-Côtes de Beaune • Bourgogne Hautes-Côtes de Nuits • Irancy

Tout vin blanc produit dans l'aire de la Bourgogne viticole et élaboré avec le cépage chardonnay est étiqueté sous l'appellation Bourgogne générique. Une exception est faite lorsque cette appellation est suivie d'un nom de village ou de sous-région spécifique. Tous ces vins présentent des qualités relativement variables, dans un registre moins concentré que celui des appellations communales. Ils procurent des sensations oscillant entre le gras et la fraîcheur, dotés d'arômes évoquant, pour les vins jeunes les agrumes et les fruits blancs. Pour les moins réussis de l'appellation, les vins peuvent paraître relativement minces et acides. Ils sont généralement à apprécier dans leur jeunesse avec des mets qui allient une certaine salinité et un peu de matière grasse.

8-10°.

gougères, jambon persillé, pâté d'alouette, poisson froid à la mayonnaise, macaronis en gratin.

Bourgogne (éventuellement avec la mention d'un des villages situés dans la région auxerroise : Côte Saint-Jacques, Chitry, Coulanges-la-Vineuse, Épineuil, La Chapelle Notre-Dame, Le Chapitre, Montrecul) • Bourgogne Côte Chalonnaise • Bourgogne Côte d'Auxerre • Bourgogne Hautes-Côtes de Beaune • Bourgogne Hautes-Côtes de Nuits • Irancy

L'appellation Bourgogne générique s'applique à tout vin rouge produit dans l'aire viticole de la Bourgogne et élaboré à partir du cépage pinot noir. Chez les meilleurs producteurs, ces vins dévoilent un fruité caractéristique du cépage. Ces rouges sont dotés d'une texture fine, parfois veloutée, et d'arômes de fruits rouges et noirs. Certains peuvent cependant paraître relativement minces et acides, voire un peu durs. Ces vins sont à apprécier dans leur jeunesse pour leur fruité. On les accompagnera alors de viandes rouges poêlées ou grillées et de viandes blanches rôties.

12-14°.

bavette à l'échalote, lapin au cidre, poulet rôti.

Bourgogne Aligoté • Bouzeron

Pour éviter une confusion entre ces blancs légers et très vifs et les autres vins de la région, issus du chardonnay, l'appellation Bourgogne Aligoté porte le nom du cépage blanc à partir duquel elle est élaborée. L'acidité très marquée que confère ce cépage au vin peut être adoucie par une pointe de crème de cassis selon une idée, salvatrice pour cette production, du chanoine et homme politique Kir. Actuellement, certains vignerons de qualité soignent leurs cuvées d'aligoté pour que les vins soient plus concentrés, moins agressifs et surtout plus aromatiques. L'appellation spécifique autour du village de Bouzeron produit d'ailleurs les meilleurs vins de ce type. Légers, nerveux, leurs arômes évoquent les agrumes ou la pomme verte. Ces blancs sont rafraîchissants, parfois légèrement perlants, ce qui renforce encore l'impression de fraîcheur. Alliés idéaux de l'apéritif, ils accompagneront également des charcuteries et, par leur vivacité et leurs arômes frais, des coquillages ou des poissons grillés ou frits.

6-8°.

à l'apéritif avec des petits fours salés, charcuteries, huîtres, moules marinières, sardines fraîches grillées.

Bourgogne Clairet • Bourgogne Clairet Côte d'Auxerre • Bourgogne Clairet Hautes-Côtes de Beaune • Bourgogne Clairet Hautes-Côtes de Nuits • Bourgogne Grand Ordinaire • Bourgogne Hautes-Côtes de Beaune • Bourgogne Passe-Tout-Grains • Marsannay

Produits en petites quantités, les rosés de Bourgogne sont rarement disponibles à la vente en dehors de leur région d'origine. Dotés de saveurs soutenues par la présence du pinot noir (parfois assemblé au gamay, au césar ou au tressot), ces vins constituent une alternative intéressante aux blancs pour accompagner un repas. Souples, on choisira de les accorder à des pâtés et autres entrées salées qui sauront jouer sur la fraîcheur du vin sans dénaturer ses arômes.

8-10°.

jambon persillé, pâté de lapin, salades de gésiers.

Bourgogne Clairet Côte d'Auxerre

Bourgogne Clairet

Bourgogne Clairet Hautes-Côtes de Beaune

Bourgogne Clairet

Bourgogne Clairet Hautes-Côtes de Nuits

Bourgogne Clairet

Bourgogne Côte Chalonnaise

Bourgogne

Bourgogne

Bourgogne Côte d'Auxerre

Bourgogne

Bourgogne

Bourgogne Grand Ordinaire

Bourgogne

Bourgogne Clairet

Bourgogne Grand Ordinaire • Bourgogne Passe-Tout-Grains • Mâcon Supérieur

Ces rouges sont les vins les moins onéreux produits dans la région. Aux côtés du cépage roi de Bourgogne, le pinot noir, d'autres variétés sont sélectionnées pour l'assemblage, tels le gamay, parfois le césar, dans le cas du rare grand ordinaire. Ces vins sont simples et intéressants pour leur fraîcheur naturelle. Dotés d'arômes frais et fruités (fruits rouges), plutôt fluides et très peu tanniques, on choisira de les accompagner de mets aux saveurs peu relevées.

8-10°.

hot-dog, porc à la bière, pommes de terre au lard.

Bourgogne Hautes-Côtes de Beaune

Bourgogne

Bourgogne

Bourgogne Hautes-Côtes de Nuits

Bourgogne

Bourgogne

Bourgogne Mousseux

Cette appellation est réservée à la production de vins rouges mousseux. Issus de cépages rouges tels le pinot noir, le gamay, le césar ou le tressot, ces vins de l'Yonne constituent une exception dans le paysage viticole français. Produits dans des quantités tout à fait anecdotiques, ils accompagneront parfaitement un apéritif ou un dessert à base de fruits rouges.

6-8°.

à l'apéritif avec des petits fours sucrés, charlotte aux fraises, mousse de fruits rouges.

Bourgogne Passe-Tout-Grains

Bourgogne Grand Ordinaire

Bourgogne Clairet

Bourgueil

Anjou

Bourgueil • Chinon Rosé • Rosé de Loire • Saint-Nicolas-de-Bourgueil • Touraine • Valençay

Ces rosés, essentiellement issus des cépages cabernet franc et cabernet-sauvignon, offrent des arômes francs et croquants de fruits rouges (fraise des bois, framboise), parfois de fleurs et d'épices. Dotés d'une matière fluide, ils allient légèreté et fraîcheur. Ces vins simples et aromatiques seront de préférence associés à des mets aux saveurs légères comme des salades composées à base de poulet, des grillades de viandes blanches ou de poissons, des charcuteries ou encore des légumes grillés.

8-10°.

gâteau de foies de volaille, salade de poulet, aubergines grillées, caviar d'aubergines, ratatouille niçoise.

Bouzeron

Bourgogne Aligoté

Brouilly

Beaujolais-Villages

Buzet • Côtes de Duras • Côtes du Marmandais

Le sauvignon est le cépage dominant des assemblages de ces appellations, complété par du sémillon et de la muscadelle. Assez vifs, évoluant autour d'arômes marqués par les agrumes et des touches végétales, ces vins conjuguent fruité et fraîcheur. Ils sont à boire dans leurs premières années avec des fruits de mer et des crustacés, en évitant cependant les plus iodés. Certaines cuvées des Côtes du Marmandais déploient davantage de corps et de puissance avec une palette d'arômes qui s'étend jusqu'aux fruits jaunes, sur des nuances épicées. Richesse et puissance permettront à ces derniers de supporter des sauces à base de crème, ou encore de beaux poissons en sauce, voire certaines viandes blanches.

10°.

terrine de poisson, crustacés, plateau de fruits de mer, lieu sauce meunière, poulet au citron.

Buzet • Côtes de Duras • Côtes du Brulhois • Côtes du Marmandais

Ces vins du Sud-Ouest sont majoritairement issus de cabernet-sauvignon, cabernet franc et merlot. Outre leur nez de fruits noirs et rouges rehaussé de notes de cuir, parfois de vanille ou de pain grillé, s'ils sont issus d'un élevage en fûts neufs, ils possèdent une structure tannique assez ferme et une certaine fraîcheur. Dans leur prime jeunesse, leur caractère et leurs arômes fringants en font de parfaits partenaires pour toutes les viandes rouges, poêlées ou grillées, dont l'âcreté est neutralisée par la présence des tanins et l'acidité du vin rouge. Les cuvées de garde (jusqu'à cinq ans) déploient davantage de nuances et de complexité tout en étendant leur gamme d'accords à des viandes rôties qui répondront parfaitement aux arômes de fruits noirs, de sous-bois et de tabac qui s'expriment à maturité.

15°.

entrecôte saignante, tournedos (moins de quatre ans); canard rôti, gigot de mouton (quatre à huit ans).

Buzet • Côtes de Duras • Côtes de Millau • Côtes du Brulhois • Côtes du Marmandais • Gaillac

Ces appellations sont à la fois fraîches et désaltérantes sans pour autant présenter une acidité excessive. Ces rosés du Sud-Ouest exhalent des notes de fruits rouges et d'épices légères issues des cépages composant l'assemblage, à savoir les cabernet-sauvignon, cabernet franc et merlot. Ces vins fruités et agréables auront leur place sur des tables estivales avec des mets qui souligneront la fraîcheur du vin.

11°.

charcuteries, rouget grillé, grillades de porc, tomates farcies.

Cabardès • Côtes de la Malepère • Minervois-la livinière

À la pointe occidentale du Languedoc, l'influence de l'Atlantique se fait sentir, aussi bien dans le climat que par la présence de cépages du Sud-Ouest : cabernet-sauvignon, merlot et malbec, à côté des variétés classiques de la Méditerranée. Ces vins sont donc les plus bordelais des languedociens, ou les plus méditerranéens des vins du Sud-Ouest. Moyennement concentrés, ces rouges sont dotés de tanins doux et dévoilent d'agréables arômes de fraise, de fruits cuits, voire de sous-bois, d'épices ou de cuir. Ils se marient bien avec des viandes blanches et rouges ou des gibiers au goût peu prononcé dans des préparations relativement simples et dépouillées.

14-16°.

côte de veau, filet mignon de porc, pavé de bœuf, pigeon ou poulet rôti, steak au poivre.

Cabardès • Collioure • Corbières • Costières de Nîmes • Coteaux du Languedoc [avec éventuellement la mention du nom de la commune : La Clape, Montpeyroux, Pic-Saint-Loup...] • Côtes de la Malepère •

Côtes du Roussillon • Faugères • Minervois • Saint-Chinian

Les rosés du Languedoc-Roussillon, comme les rouges et les blancs, possèdent naturellement la puissance propre aux vins de climats chauds. Si des producteurs cherchent à tirer le maximum de fraîcheur et de fruité de leurs vins, le style qui prévaut est celui de rosés assez vineux dotés d'arômes profonds allant des fleurs et des petits fruits rouges pour les vins les plus légers à des notes plus corsées de fruits mûrs et d'épices pour les plus puissants. Ces derniers, par leur volume et leur puissance, pourront soutenir la richesse de plats épicés, de sauces à base de légumes et de volailles grillées ou de certains poissons.

8-9°.

andouille, saucisse sèche, saucisson à l'ail, bouillabaisse, thon basquaise, couscous, moussaka, tajine d'agneau ou de poulet.

Cabernet d'Anjou • Rosé d'Anjou

La Loire a su conserver le style des rosés d'autrefois. Ces vins, vinifiés en demi-sec ou en moelleux, se raréfient, ce qui n'enlève rien à leur mérite. Majoritairement issus du cabernet franc et du cabernet-sauvignon, ils développent un bouquet séduisant de fruits rouges (framboise) sur une matière moelleuse, tout en fraîcheur. Ces vins atypiques peuvent être des partenaires étonnants à table. Ils conviendront à l'apéritif, mais leur fruité et leur douceur s'accorderont particulièrement à des desserts à base de fruits rouges que l'on veillera à ne pas trop sucrer.

8-9°.

clafoutis aux cerises, crumble aux fruits rouges, melon, soupe de fruits rouges.

Cadillac • Cérons • Loupiac • Sainte-Croix-du-Mont

Liquoreux Ces appellations situées de part et d'autre de la Garonne produisent des liquoreux à partir des cépages traditionnels du Bordelais (sauvignon, sémillon et muscadelle). Sucrés, gras et assez concentrés sans pour autant posséder l'épaisseur des sauternes, ces vins sont dotés d'un fruité intense (agrumes, fruits exotiques, fruits jaunes). À table, on peut jouer à la fois sur leur texture dense pour les associer à des mets gras et sur leurs saveurs fruitées pour tenter des mariages avec des desserts à base de fruits jaunes et blancs.

11-12°.

foie gras, canard laqué, porc aigre-doux, travers de porc caramélisés, fromages crémeux à pâte persillée, tarte aux abricots, aux coings ou aux pêches.

Cahors

Les cahors, vinifiés uniquement en rouge, sont élaborés à partir d'un cépage dominant, le malbec, localement appelé auxerrois. Dans leur jeunesse, ces vins sont parfois austères, tanniques et acides, mais dotés d'arômes purs et superbes. Leurs tanins les font paraître très secs, ce qui nécessite un accord avec un plat assez gras et moelleux. La droiture du vin et la présence du fruit, ferme mais juteux, compléteront joliment le gras du plat. Cependant, en vieillissant, leur structure a tendance à s'assouplir et les saveurs évoluent vers des notes de sous-bois. Ainsi, avec des cahors plus évolués, on choisira des gibiers moyennement relevés et des plats à base de champignons ou rehaussés de truffes.

15°.

bœuf bourguignon, cassoulet, confit d'oie ou de canard, joue de bœuf (deux à six ans) ; civet de biche ou de chevreuil, entrecôte forestière (sept à vingt ans).

Canon-Fronsac • Fronsac • Lalande de Pomerol • Pomerol

Le plus souvent issus d'un assemblage de merlot (dominant) et de bouchet, dénomination locale du cabernet franc, ces vins possèdent chair, volume et souplesse. Ils sont soutenus par un moelleux qui tend à dépasser celui de leurs cousins de Saint-Émilion. Le merlot leur communique des saveurs intenses de fruits noirs, tels le cassis, la mûre ou la prune, qui s'enrichissent progressivement avec l'âge de notes de sous-bois, de cuir et de cerise à l'eau-de-vie. Plutôt trapus et charnus dans leur jeunesse, ils s'affinent avec les années. Leur richesse et leur souplesse s'accommoderont alors de viandes rouges et de chairs tendres préparées avec des sauces rappelant leurs arômes.

15-17°.

pavé de bœuf sauce béarnaise, pigeon braisé, steak au poivre (deux à six ans) ; canard aux pruneaux, civet de lièvre, sauté de veau aux carottes (sept à vingt ans).

Cassis

Cassis est la seule appellation provençale à faire la part belle aux vins blancs qui représentent une proportion très importante de sa production. Appelés à vieillir, ils sont issus de six cépages autorisés au sein desquels l'ugni blanc, la marsanne et la roussette dominent. Frais et secs comme la plupart des blancs de la région, ils possèdent également une ampleur particulière s'exprimant à travers une texture assez onctueuse et une puissance relative. Leurs arômes évoquent la garrigue et les épices douces, voire l'iode. Des accords s'imposent donc avec des plats à base de poisson, dans des registres de saveurs puissantes et épicées.

10-11°.

anchoïade, bouillabaisse, poisson à l'aneth, risotto aux coques.

Cassis • Les Baux de Provence • Coteaux d'Aix-en-Provence • Coteaux de Pierrevert • Coteaux Varois • Côtes de Provence • Palette

Les cépages grenache, mourvèdre et cinsault sont à la base de la plupart des vins rouges du Sud-Est. Cependant, une large gamme de variétés vient en complément, dont la syrah, le carignan, le cabernet-sauvignon et bien d'autres cépages locaux. Les possibilités d'assemblage sont donc très ouvertes et la diversité des styles est inévitablement de mise au sein de cette vaste région comprenant une grande variété de sols et d'exposition. Les vins possèdent néanmoins quelques traits communs qu'ils doivent à la situation particulière des vignobles, à la fois ensoleillés et rafraîchis par la mer Méditerranée. Ils présentent souvent de beaux arômes mûrs et profonds de petits fruits rouges et noirs (framboise, cassis, myrtille) associés à des notes plus complexes de pruneau, d'épices, de vieux cuir, de réglisse, de garrigue et de végétaux. Leur structure est plus ou moins tannique sans toutefois égaler en puissance les vins de Bandol. Ils possèdent du corps, parfois une certaine onctuosité, mais également une acidité naturelle qui en font des vins équilibrés, rarement lourds ou pâteux. Beaucoup sont à boire dans les cinq ans, mais les cuvées de garde doivent être conservées jusqu'à dix ans. En matière d'accord, les viandes rouges, de préférence grillées, se marieront aux rouges les plus vifs et les plus fruités. Pour les vins plus complexes, ayant quelques années, on choisira des viandes rôties bien épicées ou accompagnées de certaines sauces, pas trop grasses.

15-16°.

bœuf aux olives, brochettes ou côtelettes ou gigot d'agneau aux herbes de Provence, chevreau rôti, daube provençale, filet mignon de porc, grillades, salmis de canard sauvage, sauté d'agneau au paprika.

Cassis

Bandol

Cérons

Cadillac

Chablis • Chablis Premier Cru (avec éventuellement la mention du climat)

Le Chablisien constitue la limite septentrionale de la Bourgogne. Les meilleurs chablis, proches de certains premiers crus en qualité, sont élaborés avec le seul cépage chardonnay. Dans leur jeunesse (de deux à cinq ans) ces vins sont plutôt vifs, dévoilant des arômes d'agrumes, souvent accompagnés d'une sensation ferme évoluant dans un registre minéral. On les choisira pour accompagner des poissons et coquillages, voire certaines charcuteries ou viandes blanches. Les meilleurs d'entre eux se conservent bien au-delà de cinq ans.

8-10°.

terrine de poissons, bourride, brandade de morue, coquilles Saint-Jacques à la coque, plateau de fruits de mer, poissons frits, andouillette au vin blanc, tête de veau sauce gribiche, beignets de fleurs de courgettes, fromages de chèvre.

Chablis Grand Cru [avec éventuellement la mention du climat : Blanchot, Les Bougros, Les Clos, Les Grenouilles, La Moutonne, Les Preuses, Valmur ou Vaudésir]

Ces vins, rares, constituent l'élite du Chablisien. Ils sont logiquement plus fins et plus concentrés que les premiers crus, et capables d'une garde d'au moins dix ans. Les différences entres les crus (ou « climats ») sont dues à la composition et à l'orientation des sols dont ils sont issus. Toutefois, c'est souvent d'un producteur à un autre que les nuances sont les plus importantes. Leur forte minéralité et leur fraîcheur peuvent accompagner un certain volume, donnant des vins à la fois longs et fins. La palette aromatique s'enrichit avec le temps : aux notes d'agrumes, de fleurs et de pierre à fusil viennent s'ajouter des épices, des nuances de cire et de miel. Ils seront alors les compagnons idéaux de poissons fins en sauce, mais peuvent également mettre en valeur des volailles ou des plats épicés grâce à leur puissance et à la richesse de leur bouquet.

10-12°.

terrine de poissons, sole meunière, truite au bleu, sushis, carré de porc (deux à six ans) ; foie gras poêlé, daurade au safran, sole normande, thon basquaise, turbot sauce béarnaise, couscous, dinde aux marrons, filet mignon de porc (sept ans et plus).

Chablis Premier Cru

Chablis

Chambertin Grand Cru

Bonnes-Mares

Chambertin Clos-de-Bèze Grand Cru

Bonnes-Mares

Chambolle-Musigny [avec éventuellement la mention de premier cru]

Aloxe-Corton

Champagne

Blanc de blancs, millésimé ou non

Généralement plus délicats que les champagnes issus d'assemblages de cépages rouges et blancs, les blancs de blancs de Champagne sont de purs chardonnays. Ces vins révèlent des arômes tendres de fleurs et d'agrumes, parfois de noisette ou de brioche. Ils sont délicieux à l'apéritif, mais aussi à boire avec des entrées ou des poissons fins.

8-10°.

cuisses de grenouille, sole, gnocchis, gratin dauphinois, tourte aux blettes.

Champagne

Millésimé Les champagnes millésimés proviennent, en principe, d'années exceptionnelles. Ils possèdent donc davantage d'intensité et de force que les non millésimés. Les producteurs n'appliquent pas toujours une sélection très stricte dans le choix du millésime. Pourtant, chez un producteur de qualité, la cuvée millésimée devrait exprimer davantage de puissance et de finesse que sa cuvée de base. Elle offre donc une palette plus large d'accords, y compris avec un plateau de fromages.

8-10°.

coquilles Saint-Jacques, poissons fins avec ou sans sauce, truite au bleu, andouillette au vin blanc, rouelle de porc, volailles en sauce, chaource, maroilles, vacherin.

Champagne brut

Non millésimé La vaste majorité des champagnes est issue d'assemblages de plusieurs cépages et de différents vignobles situés dans la région, afin de rester fidèles à un style établi par chaque producteur. Il reste donc assez difficile de généraliser les accords idéaux pour cette vaste catégorie de vins effervescents, dont les styles varient considérablement. Toutefois, si le moment traditionnellement consacré à la dégustation des champagnes est l'apéritif, avec ou sans accompagnements salés, ils présentent un potentiel remarquable, et peu exploré, à table, grâce à leur fraîcheur intrinsèque, affinée par la bulle. Ainsi, leurs arômes varient des agrumes aux fruits blancs et jaunes (pêche, poire, pomme) avec des nuances florales, de fruits secs, de pain grillé ou de vanille. Leur style oscille entre le vin frais, léger et aérien et les cuvées riches et vineuses. On pourra leur associer des mets à la texture croquante, des poissons pochés ou cuits au court-bouillon, des fruits de mer ou des plats à base de légumes. Les sauces riches sont à proscrire comme le sont certaines saveurs trop puissantes.

6-8° pour les plus légers ;
8-10° pour les plus vineux.

à l'apéritif avec des petits fours salés, gougères, beignets de fleurs de courgettes, carottes râpées, croquettes de crevettes grises ou de pommes de terre, plateau de fruits de mer, poisson au court-bouillon, croque-monsieur, plats de légumes, beaufort, brie, cantal, coulommiers.

Champagne sec ou demi-sec

Millésimé ou non De plus en plus rares, ces champagnes sont pourtant les seuls à être servis en fin de repas, au moment du dessert. En effet, tous les champagnes bruts, millésimés ou non, provoquent un goût métallique désagréable lorsqu'ils accompagnent un mets sucré. Les secs, moins sucrés et plus difficiles à trouver que les demi-secs, sont à allier de préférence avec des desserts peu sucrés, car le vin doit demeurer plus riche en sucre que le dessert.

8-10°.

charlotte ou tarte aux fruits, clafoutis aux cerises.

Champagne

Millésimé ou non Si la texture et l'acidité rendent ce champagne comparable aux blancs, il se distingue par la présence de saveurs évoquant les petits fruits rouges. Il ouvre ainsi une gamme supplémentaire d'accords possibles autour de viandes blanches et de desserts peu sucrés.

8-10°.

calamars farcis, poissons de mer avec ou sans sauce, jarret de veau aux lentilles, volailles en sauce ou avec des confits de fruits, brillat-savarin, munster, desserts aux fruits rouges non sucrés.

Chapelle-Chambertin Grand Cru

Bonnes-Mares

Charmes-Chambertin Grand Cru

Bonnes-Mares

Chassagne-Montrachet (avec éventuellement la mention de premier cru)

Aloxe-Corton

Aloxe-Corton

Château-Chalon

Arbois **Vin jaune**

Château-Grillet - Condrieu

Le viognier est l'unique cépage de ces appellations situées au nord de la vallée du Rhône. Il communique au vin puissance et gras avec des arômes très caractéristiques de fleurs et de pêche. Ces blancs secs révèlent une belle rondeur, une grande richesse en alcool et sont dotés d'une acidité plutôt faible. Leur onctuosité et leur volume leur permettent d'affronter des mets à la texture grasse ou relevés par des crèmes et des sauces riches (gratinées ou non). Dans ce registre, les poissons et les viandes blanches feront de parfaits accords.

10-12°.

foie gras en terrine, homard à l'américaine, poisson sauce hollandaise, poularde sauce Albufera, ris de veau à la crème.

Châteaumeillant • Coteaux d'Ancenis gamay • Coteaux du Loir • Coteaux du Vendômois • Côtes d'Auvergne [avec éventuellement la mention du cru : Boudes, Chanturgue, Chateaugay, Corent, Madargues] • Côtes de Gien • Côtes du Forez • Fiefs Vendéens [avec éventuellement la mention du cru : Brem, Mareuil, Pissotte, Vix] • Saint-Pourçain • Valençay • Vins de l'Orléanais

Ces appellations peu connues produisent des rouges à partir du gamay, du pinot noir, du pineau d'Aunis ou du pinot meunier (pour les vins de l'Orléanais). Ces cépages transmettent aux vins leur caractère fruité aux notes classiques de fruits rouges (cerise) rehaussées de saveurs légèrement épicées. Peu structurés, mais frais et désaltérants, ces vins sont destinés à une cuisine simple qui supportera leur caractère frais et fruité telles des viandes rouges et des charcuteries ou encore des viandes en sauce légèrement acide.

13-15°.

charcuteries cuites et crues, carpaccio de bœuf, grillades de viandes rouges, langue de veau sauce ravigote, veau marengo.

Châteaumeillant • Cheverny • Coteaux du Loir • Coteaux du Vendômois • Côtes d'Auvergne [avec éventuellement la mention du cru : Boudes, Chanturgue, Chateaugay, Corent, Madargues] • Côtes de Gien • Côtes du Forez • Fiefs Vendéens [avec éventuellement la mention du cru : Brem, Mareuil, Pissotte, Vix] • Saint-Pourçain • Vins de l'Orléanais

Ces vins rosés sont issus des mêmes cépages que les rouges des mêmes appellations. Le pinot noir et le gamay prêtent leur caractère fruité à ces vins frais, fluides et légers. À boire dans les deux ans suivant les vendanges, ils dévoilent des arômes de fruits rouges et d'épices légères s'alliant à une belle fraîcheur. Ils pourront égayer des tables simples autour de charcuteries, de grillades de viandes ou de poissons et de plats de légumes, même relevés.

9-11°.

charcuteries crues, côte de porc, escalope de poulet ou de dinde, grillades de poissons ou de bœuf, tian d'aubergines, tomates farcies.

Châteauneuf-du-Pape

À l'image des autres terroirs de la région du Rhône méridional, le vignoble de Châteauneuf-du-Pape est planté des traditionnels grenache blanc, roussanne, bourboulenc et clairette. L'assemblage de ces raisins produit un vin qui se distingue par son nez complexe et floral. Ce blanc est doté d'un corps à la fois gras et puissant. Des arômes délicats et persistants favorisent des associations avec des poissons fins aux saveurs pas trop exubérantes. Leur texture épaisse accompagnera volontiers des plats en sauce, en privilégiant celles à base de crème.

10-12°.

quenelles de brochet sauce Nantua, truite au bleu, turbot sauce hollandaise, blanquette de veau, ris de veau à la crème.

Châteauneuf-du-Pape

Les règlements de l'appellation autorisent le recours à treize cépages. Certains producteurs les utilisent tous tandis que d'autres élaborent leur cuvée à partir d'un seul et unique cépage. Cela explique en partie la diversité des styles s'exprimant dans l'appellation. Les vins de Châteauneuf-du-Pape sont en règle générale largement marqués par la nature du sol constitué de galets roulés qui emmagasinent la chaleur dans la journée pour la restituer à la plante durant la nuit. Les vins, amples et puissants, sont emplis d'une douce chaleur et dévoilent des arômes pouvant se révéler d'une très grande complexité. Avec les années, les notes fruitées de leur jeunesse se muent en un bouquet marqué par le cuir, la venaison, les épices, l'anis et le balsamique. Les gibiers sauront accompagner ces saveurs relevées tout comme des viandes en sauce qui absorberont l'alcool parfois très présent du vin.

15-16°.

chevreuil sauce grand veneur, civet de lièvre, faisan aux noix, lapin chasseur, pigeon braisé aux petits pois, tripes à la mode de Caen (cinq à dix ans).

Châtillon-en-Diois

Cette appellation est aussi atypique dans le paysage viticole de la vallée du Rhône en blanc qu'en rouge. Ces vins, obtenus à partir du chardonnay ou de l'aligoté possèdent la fraîcheur caractéristique des vignobles pré-alpins. Ils développent des arômes vifs d'agrumes et de fruits blancs. Leur grande fraîcheur saura répondre à l'acidité de certaines crudités et salades, mais pourra également accompagner agréablement un plateau de fruits de mer ou des poissons grillés.

9-11°.

carottes râpées, huîtres, plateau de fruits de mer, sardines grillées, escargots, courgettes sautées, fromages de chèvre.

Châtillon-en-Diois

Ce vignoble situé de part et d'autre de la vallée de la Drôme est marqué par la proximité des Alpes. L'encépagement ainsi que le style des vins produits sont assez singuliers dans la production viticole du Rhône. Le gamay, cépage dominant du vignoble, est parfois complété par un peu de syrah et de pinot noir. Les caractéristiques des vins sont celles des climats frais, à la fois fluides, fruités, légers et vifs. À boire dans leurs premières années, ces rouges possèdent un fruité et une acidité qui formeront un belle union avec des charcuteries crues ou cuites, des viandes rouges grillées et des plats simples en sauce accompagnés de pâtes ou de riz.

12-14°.

jambon fumé, carpaccio de bœuf, gâteau de foies de volaille, riz à la basquaise, tagliatelles sauce bolognaise.

Châtillon-en-Diois • Coteaux du Tricastin • Côtes du Lubéron • Côtes du Rhône [avec éventuellement la mention du nom de la commune] • Côtes du Rhône-Villages [avec éventuellement la mention du nom de la commune] • Côtes du Ventoux • Côtes du Vivarais • Lirac • Vacqueyras

Comme la plupart des rosés du Rhône, ces appellations sont issues des cépages grenache, cinsault, syrah et mourvèdre, exceptés les vins du Châtillon élaborés majoritairement avec du gamay. En fonction des assemblages et des vinifications opérés par les vignerons, ces vins possèdent plus ou moins de couleur et de puissance. Leurs arômes de fruits rouges dominent, parfois associés à de légères notes de fumé. Si leurs qualités premières restent le fruité et la fraîcheur, ils peuvent parfois posséder une certaine vinosité. On choisira de les associer à toute la gamme des charcuteries, des légumes farcis, voire à quelques viandes en sauce à base de tomates.

9-11°.

aubergines farcies, charcuteries, moussaka, veau marengo.

Chénas

Beaujolais-Villages

Chevalier-Montrachet Grand Cru

Aloxe-Corton

Cheverny • Côtes de Gien • Menetou-Salon [avec éventuellement la mention du nom de la commune] • Pouilly Fumé • Quincy • Reuilly • Sancerre • Touraine [Amboise, Azay-le-Rideau, Mesland, Noble-Joué] • Valençay

Principalement élaborés à partir de sauvignon blanc, ces vins révèlent des arômes perçants de citron, de fruits blancs et de fruits exotiques, parfois associés à des notes végétales. Vifs et tranchants, ou plus tendres, ils dévoilent souvent une tonalité minérale qui fait d'eux de bons compagnons pour des fruits de mer un peu iodés, des plats de légumes ou des fromages de chèvre de la région. Le mariage avec les saveurs d'un poisson ou d'une volaille arrosés de citron est également une réussite.

6-8°.

aubergines grillées, champignons à la grecque, plateau de fruits de mer, poissons de roche, poulet au citron, chou-fleur en gratin, tomates à la provençale, fromages de chèvre.

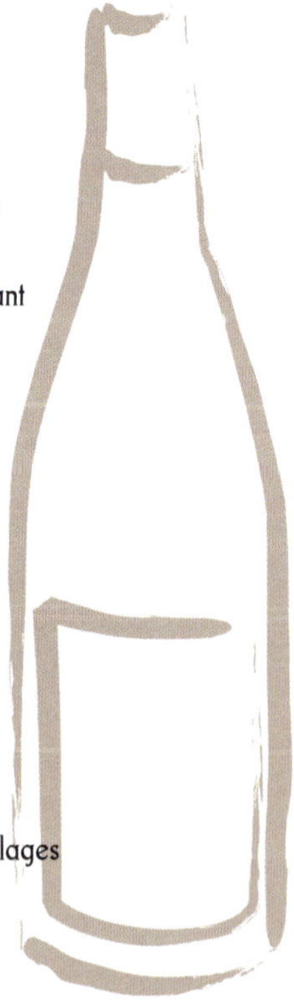

Cheverny

Anjou Gamay

Châteaumeillant

Chinon

Anjou

Anjou

Bourgueil

Chiroubles

Beaujolais-Villages

Chorey-lès-Beaune

Aloxe-Corton

Auxey Duresses

Clairette de Bellegarde • Clairette du Languedoc [avec éventuellement la mention du nom de la commune]

Comme leurs noms l'indiquent, la clairette est l'unique cépage composant ces appellations. Elle produit des vins plutôt délicats, dotés d'arômes discrets, mais fins évoquant les fleurs, la pomme et des notes végétales. Leur vivacité permet des accords classiques avec des crustacés et poissons préparés simplement, mais leur rondeur conviendra également à des poissons cuisinés aux saveurs peu relevées qui n'écraseront pas celles, délicates, du vin.

7-8°.

brandade de morue, huîtres, lieu sauce meunière, moules marinières, plateau de fruits de mer, raie aux câpres.

Clairette de Die

Contrairement à son nom, la clairette de Die est principalement issue de muscat à petits grains (75 %), assemblé au cépage clairette. Ce mousseux est élaboré selon la méthode dioise, ou méthode ancestrale. Ces vins sont à la fois frais et très aromatiques, évoquant la pêche, la pomme verte et le musc. En bouche, la présence du sucre résiduel peut arrondir le vin, mais il demeure très délicat et ne tolérera que des associations avec des mets de même nature comme des desserts à base de fruits frais.

6-8°.

à l'apéritif, salade de pommes et d'agrumes, soupe de fruits, tarte aux pommes.

Clairette du Languedoc [avec éventuellement la mention du nom de la commune]

Clairette de Bellegarde

Clairette du Languedoc [avec éventuellement la mention du nom de la commune]

Doux Produite en petite quantité, la clairette du Languedoc existe en différentes versions : demi-sec, moelleux ou « rancio ». Cette dernière est vieillie en fûts pendant au moins trois années. Ces vins sont plus ou moins liquoreux en fonction du millésime et des techniques de vinifications choisies. Ils dévoilent cependant des notes de pêche et de miel parfois rehaussées d'accents de noix ou d'amande et possèdent souvent une légère amertume en finale. Leur texture accompagnera des poissons pochés ou en sauce légère et leurs arômes des tartes aux fruits frais ou secs.

8-9°.

haddock poché, truite au bleu, apple crumble, tarte amandine ou aux noix.

Clos des Lambrays Grand Cru

Bonnes-Mares

Clos de la Roche Grand Cru

Bonnes-Mares

Clos Saint-Denis Grand Cru

Bonnes-Mares

Clos de Tart Grand Cru

Bonnes-Mares

Clos de Vougeot Grand Cru

Bonnes-Mares

Collioure

Les vins de cette appellation sont essentiellement élaborés à partir de deux cépages : le grenache qui apporte souplesse, fruité et alcool, et le mourvèdre qui confère au vin sa structure et une touche d'austérité. La syrah complète souvent les assemblages. Leur nez associe des notes de fruits bien mûrs à des touches plus retenues d'épices et de cuir dans un ensemble ne manquant pas de finesse. Assez corsés, ils possèdent également des tanins souples qui leur donnent une certaine tenue. Généreux sans être trop puissants, on choisira de les servir avec des viandes rouges et blanches grillées ou rôties, simplement aromatisées ou encore accompagnées de sauces peu relevées.

15-17°.

brochettes d'agneau grillées, canard, faisan rôti, joue de bœuf braisée, lapin aux pruneaux (deux à huit ans).

Collioure

Cabardès

Condrieu

Château-Grillet

Condrieu

Moelleux Quelques rares domaines produisent sur l'appellation un vin dont les raisins ont été récoltés en vendanges tardives, lorsque le millésime le permet. Ces liquoreux prennent alors des tonalités très fruitées autour des fruits confits, de la marmelade d'orange, du miel et de l'abricot. Sucrés et possédant plus ou moins de gras, ces vins accompagneront des tartes aux fruits dont les saveurs feront écho à celles du vin. La même remarque prévaudra pour certaines viandes préparées avec des sauces aux fruits.

10-12°.

canard à l'orange ou sauce bigarade, crêpes, soufflé au citron, tarte aux coings, tarte Tatin.

Corbières • Costières de Nîmes • Coteaux du Languedoc • Côtes du Roussillon • Minervois

Les grenache blanc, clairette, bourboulenc, maccabeu et marsanne comptent parmi les cépages les plus couramment utilisés dans ces appellations très ensoleillées du Languedoc-Roussillon. Sans être très expansifs, ils offrent des arômes agréables de fleurs, de fruits blancs et exotiques, d'anis et de romarin avec parfois des notes épicées et vanillées issues d'un élevage en fûts de bois neuf. Même si différents styles coexistent, il s'agit globalement de vins riches, puissants et chaleureux, possédant du gras et des saveurs longues. Ils sont donc bâtis pour affronter des plats à la texture riche comme des viandes ou poissons accompagnés de sauces à base de crème fraîche, mais dont les saveurs seront retenues pour ne pas écraser les arômes du vin.

9-11°.

escalope de veau à la normande, poulet aux quarante gousses d'ail, ris de veau à la crème, chou-fleur en gratin.

Corbières • Costières de Nîmes • Coteaux du Languedoc (avec éventuellement la mention du nom de la commune : La Clape, Montpeyroux, Pic-Saint-Loup...) • Faugères • Fitou • Minervois • Saint-Chinian

Si une dizaine de cépages sont autorisés, la plupart des vins sont issus du carignan, de grenache, de mourvèdre et de syrah. La région reste globalement très chaude, mais les excès du climat sont modérés par l'altitude et la proximité de la Méditerranée. La situation des vignobles comme les choix opérés par le vigneron assurent la diversité des styles de vins produits. Retenons que ces vins possèdent généralement de l'ampleur, une matière charnue et corsée, des tanins bien présents sans être trop puissants. La palette aromatique tourne autour des fruits rouges et noirs très mûrs, des épices ou de la réglisse. Des notes fauves peuvent se développer après quelques années donnant une dimension giboyeuse à certains d'entre eux. Ces vins puissants et chaleureux, aux arômes expressifs, ont besoin d'alliés à leur mesure : viandes fortes, sauces denses et épicées. On pourra aussi tenter le pari de les associer à des plats possédant de l'acidité pour faire contrepoids à leur chaleur.

14-16°.

agneau, civet de lièvre, cuissot de marcassin, navarin d'agneau, pavé sauce roquefort, pintade à l'orange, rognons de veau, poêlée de cèpes (deux à sept ans).

Corbières

Cabardès

Cornas • Côte-Rôtie • Hermitage

Ces vignobles situés dans la partie septentrionale du Rhône ont la particularité d'être très pentus et de jouir d'une excellente exposition. La syrah est l'unique cépage autorisé (sauf pour la Côte-Rôtie où l'assemblage avec un peu de viognier est autorisé), et produit sur ces sites des vins intenses, exprimant des arômes fruités de cerise noire, de framboise et d'épices, à la fois concentrés et fins. Assez tanniques et austères dans leur jeunesse et portés par une acidité bien présente, ils dévoilent à maturité un bouquet tout en nuances et une matière à la fois fraîche et satinée. Malgré leur puissance, ces vins ne doivent pas être associés à des plats riches, mais plutôt jouer sur l'accord, une fois à maturité, avec des petits gibiers, des viandes fines et des champignons.

15-16°.

croûtes aux morilles, truffes, canard au sang, cuissot de marcassin, gigot de sept heures, noisette de chevreuil (cinq à quinze ans).

Corton Grand Cru

Aloxe-Corton

Bonnes-Mares

Corton-Charlemagne Grand Cru

Aloxe-Corton

Costières de Nîmes

Corbières

Corbières

Cabardès

Côte de Brouilly

Beaujolais-Villages

Coteaux champenois

Cette appellation correspond à l'un des très rares vins tranquilles de la région, antérieur à la naissance du champagne, et qui représente aujourd'hui une part infime dans la production champenoise. Élaborés à partir des mêmes cépages que le champagne, à savoir les pinot noir, pinot meunier, chardonnay et accessoirement l'arbanne et le petit meslier, les coteaux champenois sont généralement consommés localement. Très vifs et dotés d'arômes d'agrumes et de fruits blancs, on accompagnera donc volontiers ces blancs de fromages, d'entrées fondantes ou encore de saveurs de même nature.

6-8°.

friture de petits poissons, huîtres, andouillette au vin blanc, brie, fromages de chèvre.

Coteaux champenois

Les vignes de pinot noir à partir desquelles sont élaborés ces rouges sont toutes situées dans l'aire d'appellation du Champagne. Lorsque les raisins proviennent des meilleurs terroirs, tels Ambonnay, Aÿ, Bouzy ou Cumières, ces vins peuvent ressembler à des bourgognes rouges agréables. Pourtant, les années et les producteurs capables de les élever à de tels niveaux sont rares. Le plus souvent, ces vins sont clairs, vifs, tout en vivacité et dotés d'une richesse aromatique moyenne de petits fruits rouges (cerise) et d'épices. Leur souplesse et leur fruité accompagneront des grillades de viandes blanches et rouges, tandis que leur fraîcheur en fera de bons partenaires pour des recettes à base de tomates ou des charcuteries cuites.

10-12°.

andouillette, bavette à l'échalote, escalope de veau à la milanaise, gâteau de foies de volaille, veau marengo.

Coteaux champenois

Encore plus rares que leurs homologues blancs ou rouges, les coteaux champenois rosés se révèlent relativement plaisants par leur fraîcheur et leur fruité. Plutôt légers, ces vins possèdent la vivacité nécessaire pour être associés à des plats gras ou acides. Des fromages au goût simple, comme l'édam ou le reblochon, sauront toutefois les accompagner, sans masquer les saveurs légères du vin.

8-10°.

charcuteries, anguilles au vert, choucroute, fromages à croûte fleurie.

Coteaux d'Ancenis cabernet-sauvignon, cabernet franc

Anjou

Coteaux d'Ancenis chenin

Anjou

Coteaux d'Ancenis gamay

Châteaumeillant

Coteaux d'Aix-en-Provence

Bandol

Cassis

Bandol

Coteaux de Die • Coteaux du Tricastin • Côtes du Lubéron • Côtes du Rhône [avec éventuellement la mention du nom de la commune] • Côtes du Rhône-Villages [avec éventuellement la mention du nom de la commune] • Côtes du Ventoux • Côtes du Vivarais • Lirac • Vacqueyras

La plupart des appellations de la partie sud de la vallée du Rhône produisent, à côté d'une forte majorité de rouges, des vins blancs issus d'une multitude de cépages dont les plus répandus sont le grenache blanc, le bourboulenc, la clairette, la marsanne et la roussanne. Malgré une grande diversité de styles, la plupart des vins possèdent une structure grasse, ainsi qu'une présence alcoolique assez chaleureuse sur des arômes évoquant les fleurs, les fruits blancs (pêche, poire) et les fruits secs. La rondeur et l'acidité contenues dans le vin le destinent d'abord à accompagner des poissons à la chair grasse ou cuisinés en sauce. On pourra également les associer à des viandes blanches froides dont la texture parfois sèche puisera un peu de moelleux dans le vin.

9-11°.

bourride, raie grenobloise, sole meunière, rôti de porc froid.

Coteaux de l'Aubance

Anjou Coteaux de la Loire **Demi-sec ou moelleux**

Coteaux de Pierrevert

les Baux de Provence

Cassis

Bandol

Coteaux de Saumur

Anjou Coteaux de la Loire **Demi-sec ou moelleux**

Coteaux du Languedoc

Corbières

Coteaux du Languedoc (avec éventuellement la mention du nom de la commune : La Clape, Montpeyroux, Pic-Saint-Loup…)

Corbières

Cabardès

Coteaux du Layon (avec éventuellement la mention du nom de la commune)

Anjou Coteaux de la Loire **Demi-sec ou moelleux**

Coteaux du Loir

Anjou

Châteaumeillant

Châteaumeillant

Coteaux du Lyonnais

Beaujolais

Beaujolais

Beaujolais

Coteaux du Quercy

Au cœur du Quercy, quelques centaines d'hectares de vignes produisent des vins assez charnus, relativement souples et soutenus par des tanins bien présents. Les arômes émanant du cépage dominant, le cabernet franc, ainsi que du merlot et du malbec, évoquent les fruits rouges et noirs (framboise, cassis, mûre) et des notes plus terriennes, épicées et florales. Plaisants dès leur jeunesse, ces vins peuvent néanmoins gagner à vieillir quelques années. Ce profil les destine à

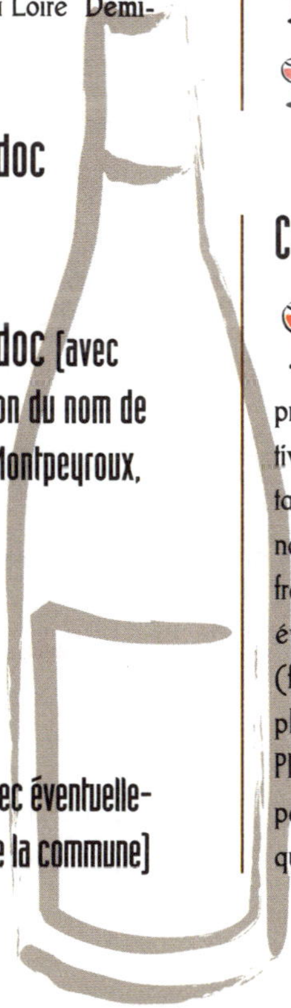

accompagner les viandes rouges dont le jus viendra adoucir la structure tannique du vin, tout comme les viandes et sauces plus puissantes dont les saveurs seront en parfaite harmonie.

15°.

bœuf miroton, boudin noir, entrecôte, tournedos.

Coteaux du Quercy • Marcillac • Vin d'Entraygues et du Fel • Vin d'Estaing

Ces vins du Sud-Ouest sont assez expressifs par rapport à la majorité des rosés, souvent assez neutres et sans caractère. Ils se développent autour d'arômes de fruits rouges et de notes plus exubérantes de bonbon acidulé. Suivant les méthodes de vinification adoptées, ils possèdent plus ou moins d'épaisseur et de structure, mais doivent être servis frais. Ils demeurent en effet des « vins d'été », idéaux pour accompagner charcuteries, viandes et poissons grillés.

10°.

andouille, cervelas, pâtés, rillettes, saumon grillé, grillades.

Coteaux du Tricastin

Coteaux de Die

Coteaux du Tricastin • Côtes du Lubéron • Côtes du Rhône [avec éventuellement la mention du nom de la commune] • Côtes du Ventoux • Côtes du Vivarais

Grenache, syrah, mourvèdre, cinsault et carignan composent l'essentiel des cuvées de ces vins issus de la partie sud du Rhône. Leur style oscille entre légèreté et concentration, mais tous possèdent un caractère fruité bien affirmé offrant un bouquet de fruits rouges et noirs rehaussé de notes d'épices et de cuir. La plupart de ces vins possèdent rondeur et chaleur, sans pour autant apparaître mous grâce à la présence de tanins doux et d'une acidité mesurée, mais vivifiante. Les charcuteries cuites, les viandes blanches grillées, poêlées ou sautées et tous les types de grillades se plairont à leurs côtés.

14-16°.

bavette à l'échalote, brochettes d'agneau grillées, charcuteries, filet mignon de porc, poulet aux quarante gousses d'ail ou rôti.

Coteaux du Tricastin

Châtillon-en-Diois

Coteaux du Vendômois

Anjou

Châteaumeillant

Châteaumeillant

Coteaux Varois

les Baux de Provence

Cassis

Bandol

Côte-Rôtie

Cornas

Côtes d'Auvergne (avec éventuellement la mention du cru : Boudes, Chanturgue, Chateaugay, Corent, Madargues)

Anjou

Châteaumeillant

Châteaumeillant

Côtes de Beaune-Villages (avec éventuellement la mention du nom de la commune)

Aloxe-Corton

Auxey-Duresses

Côtes de Bergerac • Côtes de Montravel • Haut-Montravel • Rosette • Saussignac

Moelleux Ces vins du Sud-Ouest conjuguent souvent un moelleux léger, une structure assez fraîche et des arômes délicats et fruités (agrumes, fruits jaunes). Ni concentrés, ni très puissants, il faut les associer, à table, avec des plats dotés du même profil comme des desserts à base de fruits frais, jaunes ou blancs, en évitant les recettes trop sucrées. Comme tous les vins doux, ils constituent un apéritif parfait que l'on accompagnera de petits fours secs et salés à base de fromage.

11°.

gougères, salade de fruits (pas trop sucrée), soupe de fruits.

Côtes de Bergerac

Bergerac

Bergerac

Côtes de Blaye

Blaye

Côtes de Bordeaux Saint-Macaire

Bordeaux Supérieur **Moelleux**

Côtes de Bourg

Blaye

Côtes de Bourg

Par leur proximité géographique, on serait tenté de regrouper les vins de cette appellation avec ceux de leur voisin Blaye. Pourtant, ils possèdent généralement un caractère nettement plus corsé, voire rustique, associé à des tanins parfois vigoureux qui les situent un peu à part. Ce sont des rouges robustes, taillés pour de solides plats campagnards comme des rognons de veau ou des tripoux.

15-16°.

boudin noir, cœur de veau braisé, entrecôte grillée, pot-au-feu, tripoux.

Côtes de Castillon

Bordeaux Côtes de Francs

Côtes de Duras

Buzet

Buzet

Buzet

Côtes de Gien

Cheverny

Châteaumeillant

Châteaumeillant

Côtes de la Malepère

Cabardès

Cabardès

Côtes de Millau • Gaillac • Vin d'Entraygues et du Fel • Vin d'Estaing • Vins de Lavilledieu

Dotés d'arômes suaves et fruités issus de la muscadelle, du mauzac ou de l'ondenc, les gaillacs blancs possèdent une texture fine et lisse. Jouant davantage la carte de la fraîcheur que de la complexité, il faut veiller à ne pas leur imposer de plats puissants et gras aux parfums trop exubérants. Certains légumes, différents poissons et des tartes froides peuvent, grâce à la discrétion de leurs saveurs, se fondre à la fraîcheur naturelle de ces vins.

10°.

terrine de poissons, truite, quiche lorraine, courgettes sautées, ratatouille froide, fromages à pâte persillée.

Côtes de Millau • Gaillac

Bien que pouvant provenir d'une large gamme de cépages, vinifiés seuls ou en assemblage, les gaillacs rouges partagent les mêmes qualités de fruité et de fraîcheur. Ces vins, rarement corpulents ou tanniques, jouent davantage la carte de la souplesse. Dotés d'arômes fruités, parfois poivrés, dont la gamme variera en fonction du cépage, ils affichent un degré d'alcool modérément élevé et donnent le meilleur d'eux-mêmes dans leur jeunesse, au cours des cinq premières années. Leur structure souple les prédestine aux charcuteries dont ils sauront absorber le gras. Les plus corsés pourront accompagner des viandes blanches peu relevées et des viandes rouges : tanins et acidité seront alors contenus par le plat sans dénaturer les arômes du vin.

15°.

charcuteries, brochettes de bœuf, escalope de veau à la milanaise, pizza (tomates, épaule, fromage), volailles.

Côtes de Millau

Buzet

Côtes de Montravel

Côtes de Bergerac Moelleux

Côtes de Nuits-Villages

Aloxe-Corton

Auxey-Duresses

Côtes de Provence

Les Baux de Provence

Cassis

Bandol

Côtes de Saint-Mont

Produits en petites quantités, les blancs de l'appellation tirent des cépages locaux, arrufiac, petit courbu, clairette, petit et gros mansengs, leur personnalité très marquée. Dotés d'une palette particulièrement aromatique de fruits jaunes, de fleurs et d'agrumes, ces vins possèdent une agréable présence en bouche, tout en fraîcheur et en rondeur. Toute la gamme des crustacés, par sa présence iodée, soutiendra agréablement la fraîcheur du vin ; tandis que leur rondeur répondra au côté crémeux des viandes blanches en sauce.

10-12°.

plateau de fruits de mer, poissons, pâtes fraîches cuisinées simplement, escalope de veau à la crème, paupiettes de veau, salade landaise.

Côtes de Saint-Mont

Ce vignoble dominant l'Adour est essentiellement consacré aux vins rouges. Produits à partir de cépages locaux du Sud-Ouest (tannat, fer servadou) mais aussi de cépages typiquement bordelais (cabernet-sauvignon et cabernet franc), les côtes-de-saint-mont sont des vins denses et assez concentrés. Alliant une certaine rondeur à une astringence typique de ces cépages, ils se rapprochent des madirans voisins. Généralement à déguster durant leurs cinq premières années, leur chair ainsi que leurs parfums sombres de fruits noirs, de pruneau, de réglisse et d'épices douces s'accommoderont à des viandes en sauce aux saveurs de même type.

16°.

bœuf aux olives, boudin noir grillé, canard aux pruneaux, civet de lièvre ou de chevreuil.

Côtes de Saint-Mont

Fruité et vivacité sont les maîtres mots des rosés de Saint-Mont. Ces vins peuvent également être typés, soutenus par une structure charpentée et la persistance de leurs arômes, variant des fruits rouges aux épices. Cette personnalité les autorise à s'aventurer au-delà des associations classiques des vins rosés en choisissant des viandes de caractère telles l'agneau ou le mouton ou encore des préparations à base d'épices légères.

11-12°.

hors-d'œuvre, sardines grillées, côtelettes d'agneau, riz à la basquaise, tomates à la provençale.

Côtes de Toul • Moselle

Si plusieurs cépages sont autorisés dans ces aires d'appellation (gewurztraminer, müller-thurgau, riesling), la majorité des vins est issue d'un cépage local, l'auxerrois. Précoce, ce raisin procure aux vins une certaine souplesse sans acidité excessive. Ces blancs sont dotés d'arômes assez expressifs dans le registre fruité des agrumes. À boire dans leur jeunesse, ces vins à la fois aromatiques et ronds accompagneront avant tout des poissons de rivière.

8-9°.

brochet au beurre blanc, perche sauce meunière, truite aux amandes (un à trois ans).

Côtes de Toul • Moselle

Principalement issu du pinot noir, parfois complété de meunier ou de gamay, les rouges de Lorraine, dont la production est très faible, possèdent la fraîcheur propre aux vins issus d'un climat frais. Vifs et fruités, sur des arômes de fruits rouges (fraise), de prune et d'épices, ces rouges sont plutôt fluides, parfois pourvus de tanins légers. Toutefois, leur fraîcheur pourra se fondre avec des plats eux-mêmes légèrement acides ou, par contraste, avec des charcuteries cuites ou crues.

14°.

pâté d'alouette, langue de veau sauce ravigote, petit salé aux lentilles, salade de gésiers confits.

Côtes de Toul • Moselle

Ces vins rosés, appelés gris, sont sans doute les plus connus de la région. Ils sont essentiellement produits à partir du gamay assemblé à de petites quantités de pinot noir et de pinot meunier. Issus d'un pressurage immédiat, ils sont légers, très pâles en couleur et peuvent séduire par leur fraîcheur et leur fruité friand sur les fruits rouges et noirs. Ils ne possèdent pas de puissance ni de structure, mais peuvent égayer par leur fraîcheur des cochonnailles, des tourtes, des pâtés en croûte ou des terrines.

8-9°.

crudités, terrine de poissons, de viande ou de légume, tourte aux blettes, salade de lentilles.

Côtes du Brulhois

Buzet

Buzet

Côtes du Forez

Châteaumeillant

Châteaumeillant

Côtes du Frontonnais • Vins de Lavilledieu

Le cépage négrette confère toute sa personnalité aux vins de Fronton. Fruités, assez frais et marqués par des arômes de violette, de pruneau et d'épices, ces rouges, à la structure plutôt souple, doivent généralement être bus dans leur jeunesse, à l'exception de quelques cuvées plus riches et concentrées, vinifiées pour la garde. La fraîcheur de ces vins peut s'adapter soit à l'acidité d'un plat qui fera ressortir le fruité, comme une viande en sauce à base de tomates ; soit jouer sur le contraste en l'accompagnant de mets plus gras dont la région a fait sa spécialité.

14-15°.

cassoulet, porc aux pruneaux, saucisse de Toulouse, sauté de veau à la tomate, viandes rouges.

Côtes du Frontonnais • Vins de Lavilledieu

La personnalité bien marquée des rosés de ces appellations du Sud-Ouest est largement due au cépage négrette. Des saveurs très présentes de fruits rouges, de fleurs et d'épices facilitent le recours à des mets un peu relevés, parfumés aux aromates. Des préparations à base de légumes, gratinées ou farcies, marieront leur légère acidité à celle du vin sans en masquer les arômes.

10°.

charcuteries, rouget, thon basquaise, saucisses grillées, légumes farcis, tian de légumes.

Côtes du Jura

Arbois

Arbois **Vin jaune**

Arbois **Vin de paille**

Arbois

Arbois

Côtes du Jura Mousseux

Arbois Mousseux

Arbois Mousseux

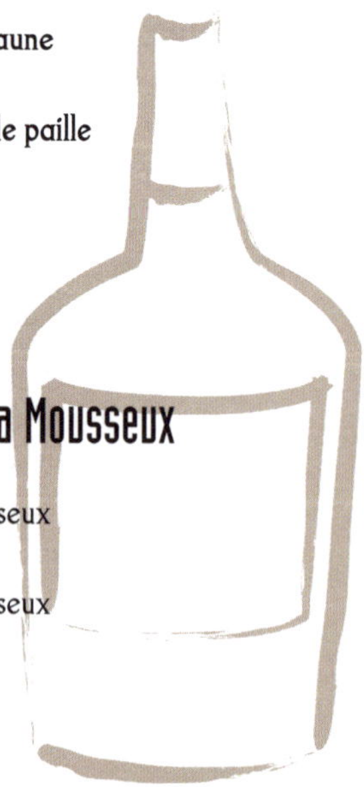

Côtes du Lubéron

Coteaux de Die

Coteaux du Tricastin

Châtillon-en-Diois

Côtes du Marmandais

Buzet

Buzet

Buzet

Côtes du Rhône [avec éventuellement la mention du nom de la commune]

Coteaux de Die

Coteaux du Tricastin

Châtillon-en-Diois

Côtes du Rhône-Villages [avec éventuellement la mention du nom de la commune]

Coteaux de Die

Côtes du Rhône-Villages [avec éventuellement la mention du nom de la commune] • Gigondas • Lirac • Vacqueyras

Ces appellations du sud du Rhône produisent des vins puissants et très fruités, essentiellement élaborés à partir de grenache, mourvèdre et syrah. Révélant une robe soutenue, ces rouges sont à la fois amples, chaleureux et profondément fruités. Parfois un peu rudes dans leur jeunesse, ils s'assouplissent rapidement pour offrir un bouquet ample de fruits rouges et noirs (fraise, cassis, cerise noire, mûre), de kirsch, de garrigue et d'épices (poivre). Leur suavité et leur fruité intense accompagneront de belles viandes rouges ainsi qu'une large gamme de plats en sauce qui sauront tenir tête par leur texture et leurs saveurs à la richesse du vin.

15-16°.

bœuf aux olives ou Stroganov, boudin noir aux pommes, canard au sang, chili con carne (pas trop épicé), civet, coq au vin, daube, entrecôte marchand de vin, ragoût.

Côtes du Rhône-Villages [avec éventuellement la mention du nom de la commune]

Châtillon-en-Diois

Côtes du Roussillon

Corbières

Côtes du Roussillon • Côtes du Roussillon-Villages [avec éventuellement la mention du nom de la commune : Caramany, Latour-de-France, Lesquerde, Tautavel]

Issus d'assemblages dominés par les carignan, grenache, syrah ou mourvèdre, ces vins possèdent un beau caractère méditerranéen. Si certains affichent des arômes très fruités, la plupart de ces vins sont concentrés et corsés. Avec un côté suave et chaleureux. Leur nez mêle les fruits rouges et noirs très mûrs, les épices et des notes de venaison qui s'affirment en vieillissant. Charpentés, puissants et chaleureux, ces rouges se marient bien avec des plats accompagnés de sauces assez grasses, dotées de goûts et de textures robustes. Leur puissance alcoolique saura également maîtriser des mets très épicés qui détruiraient à coup sûr des rouges plus délicats.

14-16°.

bœuf aux olives, chili con carne, entrecôte marchand de vin, hure de sanglier, langue de bœuf sauce piquante, tripoux.

Côtes du Roussillon

Cabardès

Côtes du Roussillon-Villages [avec éventuellement la mention du nom de la commune : Caramany, Latour-de-France, Lesquerde, Tautavel]

Côtes du Roussillon

Côtes du Ventoux

Coteaux de Die

Coteaux du Tricastin

Châtillon-en-Diois

Côtes du Vivarais

Coteaux de Die

Coteaux du Tricastin

Châtillon-en-Diois

Cour-Cheverny

Le cour-cheverny possède un atout de taille : le romorantin. Ce cépage, exclusivement destiné à cette appellation, lui confère un caractère fortement minéral, parfois tranchant. Ces vins dévoilent des arômes discrets évoquant la citronnelle, la fleur d'acacia ou les fruits blancs. Ils réclament généralement une petite garde de deux à cinq ans pour s'exprimer pleinement. Minéralité et acidité leur permettent de résister à des accords avec des mets réputés difficiles à marier comme des poissons fumés ou des asperges, mais on pourra aussi leur associer des poissons de rivière dont les saveurs fines sauront s'associer à celles du vin.

8-11°.

asperges sauce mousseline, brochet au beurre blanc, gambas sautées, harengs pommes à l'huile, saumon fumé, poulet au citron, fromages de chèvre.

Crémant d'Alsace

Élaborés à partir de six cépages autorisés, l'auxerrois, le chardonnay, le pinot blanc, le pinot gris, le pinot noir et le riesling, ces crémants sont obtenus selon la méthode traditionnelle avec une seconde fermentation en bouteilles. Ce sont en général des vins plutôt délicats, fins et frais, dotés d'arômes floraux et fruités. Ne possédant pas beaucoup d'ampleur, on veillera à ne pas les noyer sous des saveurs trop puissantes en les réservant à l'apéritif ou à la fin du repas (avec des pâtisseries briochées). Le crémant rosé est beaucoup plus rare que le blanc. Il est exclusivement élaboré à partir de pinot noir.

8°.

à l'apéritif, seul ou avec des petits fours secs salés, gougères, toasts, brioche, kouglof.

Crémant de Bordeaux

Les vins effervescents de Bordeaux sont élaborés selon la méthode traditionnelle, c'est-à-dire la même que celle utilisée en Champagne. Plutôt nerveux et fruités, évoquant la pêche, les fruits jaunes et l'anis, ces vins doivent être bus frais et jeunes. Quelques rares crémants sont élaborés en vin rosés. Comme les blancs, ils sont plutôt légers, mais possèdent davantage de personnalité par l'expression d'arômes délicats de petits fruits rouges. Tous deux seront parfaits à l'apéritif.

7-8°.

à l'apéritif avec des canapés de poissons, petits fours secs.

Crémant de Bourgogne

La Bourgogne produit une quantité conséquente de vins effervescents, généralement à partir des cépages chardonnay et pinot noir, comme pour le champagne. Les meilleurs d'entre eux sont vendus sous l'appellation Crémant de Bourgogne. Issus d'un vignoble plus méridional que le champenois, ces vins bourguignons apparaissent un peu plus ronds et pleins. Commercialisés plus jeunes que les champagnes, ils possèdent l'acidité nécessaire à l'équilibre de tout mousseux et constituent un excellent vin d'apéritif, à apprécier seul ou accompagné d'entrées salées.

6-8°.

à l'apéritif avec des petits fours salés ou des gougères, croque-monsieur, croquettes de crevettes grises, plateau de fruits de mer, croquettes de pommes de terre.

Crémant de Bourgogne

Les rosés effervescents sont produits à partir de pinot noir et chardonnay, associés ou non à des cépages secondaires tels que le gamay, l'aligoté ou le melon de Bourgogne. Ces vins s'expriment tout en légèreté et en notes fruitées. À déguster dès leur mise sur le marché, ils constituent un apéritif idéal et peuvent éventuellement prêter leurs arômes de fruits rouges à un dessert dévoilant ces mêmes saveurs.

6-8°.

à l'apéritif, charlotte aux fraises, mousse de fruits rouges.

Crémant de Die • Saint-Péray Mousseux

Ces mousseux sont exclusivement élaborés à partir du cépage clairette. Légers et rafraîchissants, ils possèdent des arômes délicats et discrets de fleurs et de fruits jaunes. Leur vivacité et leur finesse en font de parfaits vins d'apéritif. Évitons toutefois de leur imposer des préparations au goût trop puissant à base d'épices, de piments ou autres anchois et tapenade qui détruiraient fatalement la finesse de leurs saveurs.

7-9°.

à l'apéritif avec des gougères et des petits fours salés.

Crémant de Limoux

Blanquette de Limoux

Crémant de Loire

Anjou Mousseux

Crémant de Loire • Rosé d'Anjou Pétillant • Touraine Mousseux • Touraine Pétillant

Élaborés à partir d'un seul cépage (cabernet franc) ou issus d'un assemblage de variétés rouges ou blanches (dont les pineau d'Aunis, cabernet-sauvignon, chenin et chardonnay), ces vins pétillants rosés, obtenus selon la méthode traditionnelle, sont plutôt frais, légers et élégants grâce à leurs arômes parfois prononcés de fruits rouges ou nuancés de notes florales et de fruits blancs et jaunes. Leur délicatesse empêche des associations osées, mais si l'apéritif leur convient particulièrement, accompagnés de petits fours sucrés, on pourra également les envisager en fin de repas avec des fruits rouges (fraise ou framboise) légèrement sucrés ou avec des pâtisseries aux fruits à base de crème légère.

7-9°.

à l'apéritif avec des boudoirs, fraises ou framboises à la chantilly, framboisier.

Crémant du Jura

Arbois Mousseux

Arbois Mousseux

Crépy

Situé sur la rive sud du lac Léman, Crépy propose des vins issus d'un seul cépage, le chasselas. Cette appellation produit sur un sol argilo-calcaire des vins assez souples, légers et secs, à la fois vifs et désaltérants. Peu démonstratifs, ils offrent des arômes dans des registres minéraux et végétaux avec des nuances d'aubépine, de fruits secs ou de pierre à fusil. À boire jeune, dans ses deux premières années, il égayera par sa fraîcheur et sa minéralité des poissons frits ou grillés, des fruits de mer, mais aussi des légumes cuits et des fromages à pâte pressée cuite.

8-9°.

huîtres, truite ou brochet grillé, fondue savoyarde, beaufort (jeune), emmenthal, gruyère.

Criots-Bâtard-Montrachet Grand Cru

Aloxe-Corton

Crozes-Hermitage • Hermitage • Saint-Joseph • Saint-Péray

Situées dans la partie septentrionale de la vallée du Rhône, ces appellations offrent quelques rares blancs, majoritairement issus des cépages marsanne et roussanne. Cet assemblage donne des vins tendres, gras et charnus, dotés d'une acidité mesurée et de saveurs évoluant dans des registres fruités (fruits blancs et fruits secs), floraux et légèrement épicés. Leur texture enveloppera des mets crémeux et des chairs fines juste poêlées. Par leur puissance, ils sauront aussi s'accommoder de plats épicés (sans excès).

10-12°.

bouchée à la reine, brochet au beurre blanc, agneau au curry, escalope de veau à la normande, poulet au citron.

Crozes-Hermitage • Saint-Joseph

Issus du seul cépage syrah, ces vins possèdent un nez typique se développant autour d'arômes de fruits rouges et noirs, de violette et de poivre puis de cerise à l'eau-de-vie, de cuir et d'épices. Évoluant plus rapidement que les hermitages ou les cornas, ils offrent un fruité intense et des tanins souples. Jeunes, leur densité et leur qualité de fruits en feront de bons partenaires pour des viandes rouges et éventuellement en sauce. Pour les plus évolués, on choisira des plats plus élaborés.

15-16°.

caille aux raisins, canard aux pruneaux, filet mignon de porc (trois à dix ans).

Échezeaux Grand Cru

Bonnes-Mares

Entre-Deux-Mers

Blaye

Entre-Deux-Mers Haut-Benauge

Blaye

Faugères

Corbières

Cabardès

Fiefs Vendéens (avec éventuellement la mention du cru : Brem, Mareuil, Pissotte, Vix) • Haut-Poitou • Saint-Pourçain • Vins de l'Orléanais • Vins du Thouarsais

Ces vignobles qui s'étendent sur une petite superficie produisent en blanc des vins relativement atypiques pour la région, puisqu'ils sont principalement élaborés à partir de chardonnay, souvent associé au sauvignon et parfois au pinot gris (principalement pour les vins de l'Orléanais). Frais et vivaces, ces vins révèlent un bouquet agréablement fruité d'acacia, d'agrumes et de pomme verte ainsi qu'une certaine rondeur. Ces vins, qui doivent être bus dans leur trois premières années, joueront à la fois sur leur fraîcheur pour accompagner des fruits de mer ou des crustacés et sur leur relative rondeur pour s'accorder à des poissons préparés en sauce.

10-12°.

anguille, crustacés, plateau de fruits de mer, truite au bleu.

Fiefs Vendéens (avec éventuellement la mention du cru : Brem, Mareuil, Pissotte, Vix)

Châteaumeillant

Châteaumeillant

Fitou

Corbières

Fixin (avec éventuellement la mention de premier cru)

Aloxe-Corton

Auxey-Duresses

Fleurie

Beaujolais-Villages

Fronsac

Canon-Fronsac

Gaillac

Côtes de Millau

Côtes de Millau

Buzet

Gaillac Doux • Gaillac Premières Côtes

Moelleux Issues de cépages comme le mauzac ou la muscadelle, ces appellations évoquent au nez les fruits jaunes, les fleurs (acacia), des notes d'épices et évoluent parfois, après quelques années, vers des arômes de miel et de coing. La plupart de ces vins possèdent une acidité naturelle procurant une certaine fraîcheur. Pourtant, les cuvées les plus riches atteignent des niveaux de concentration qui en font de vrais nectars, à la fois séveux et denses. L'accord d'un mets avec un moelleux dépend avant tout du niveau de concentration en sucre du vin. L'exercice est ici rendu difficile par l'absence d'indication de ce degré sur l'étiquette de la bouteille. Avec les plus légers, on peut envisager des soupes ou des salades de fruits, avec les autres, des tartes, voire certaines viandes rôties aux fruits.

12°.

à déguster seul à l'apéritif, pintade à l'orange, soupe ou salade de fruits jaunes et blancs, tarte à la cannelle, aux abricots ou aux coings, tarte Tatin.

Gaillac Mousseux

Obtenus généralement par la méthode dite ancestrale, les gaillacs mousseux sont souvent légers en alcool, excédant rarement 11°. Ils dévoilent à la dégustation des arômes discrets de fruits blancs et plus précisément de pêche. Ce profil les destine plus particulièrement à l'apéritif, mais ils peuvent également soutenir une petite friture. Pour autant, leur légèreté et leurs arômes peu intenses ne leur permettent pas d'accompagner un repas où leurs qualités seraient complètement masquées.

8-9°.

à l'apéritif avec petits fours secs et salés friture, tapas, gougères.

Gaillac Premières Côtes

Gaillac Doux **Moelleux**

Gevrey-Chambertin • Morey Saint-Denis • Nuits-Saint-Georges • Pommard • Vosne-Romanée [avec éventuellement le nom du vignoble et/ou la mention de premier cru]

Les vins des ces communes sont parmi les plus charpentés et puissants de Bourgogne. Légèrement tanniques dans leur jeunesse, les meilleurs d'entre eux possèdent présence et longueur en bouche. Comme ailleurs en Bourgogne, la mention de premier cru indique un vin ayant davantage d'intensité que son homologue en appellation « Village ». Les arômes primaires, dominés par les fruits rouges et noirs (cerise) prennent avec le temps des tonalités plus complexes de kirsch, de cuir et de fruits en confiture. Ces vins sont des compagnons parfaits pour des plats savoureux, même relevés, autour de viandes blanches ou rouges. Avec un peu d'âge, ils marieront leurs saveurs évoluées à celles de gibiers et de plats en sauce. Les plats mijotés comme le bœuf bourguignon, dont la cuisson est lente et aromatique, iront parfaitement avec des vins évolués, débarrassés de leurs tanins de jeunesse.

15-17°.

daube provençale, dinde aux marrons, entrecôte au beurre d'estragon, ou forestière, fondue bourguignonne, sauté d'agneau, steak au poivre, tajine aux olives, tournedos Rossini, veau marengo (moins de sept ans) ; bœuf bourguignon, civet de lièvre, gigot d'agneau, lièvre à la royale, pavé de bœuf sauce béarnaise, pigeon braisé, pintade aux olives, poitrine de veau farcie, pot-au-feu (plus de sept ans).

Gigondas

Côtes du Rhône-Villages

Givry [avec éventuellement la mention de premier cru]

Auxey-Duresses

Auxey-Duresses

Grands-Échezeaux Grand cru

Bonnes-Mares

Graves • Pessac-Léognan

La région produit les blancs les plus réputés du Bordelais. Issus de sols de graves et de sables, ces vins associent la fraîcheur et la finesse du sauvignon à la richesse et au gras du sémillon. Assez nerveux dans leur jeunesse, marqués par des notes d'agrumes, de tilleul et de fruits jaunes très mûrs, ils acquièrent autour de cinq à dix ans complexité et volume. À maturité, leur texture relativement grasse et leur bouquet associant le miel, les épices douces et le coing imposent des accords avec des crustacés et des coquillages pas trop salés ou des poissons éventuellement relevés par des préparations légèrement épicées.

9-12°.

poulet au citron, terrine de poissons, daurade au safran, filet de sandre, huîtres chaudes (moins de cinq ans) ; crabe farci, écrevisses à la nage, langoustine et homard grillés, pétoncles grillées, cantal (cinq à vingt ans).

Graves • Pessac-Léognan

Berceaux du vignoble girondin, ces appellations situées en amont de Bordeaux, sur la rive gauche de la Garonne, produisent des vins dont l'assemblage est dominé par le cabernet-sauvignon. Ils doivent l'austérité de leur jeunesse à la présence de tanins relativement puissants. Intenses et concentrés, ils associent à un fond de fruits noirs des notes de réglisse et des nuances de chêne et d'épices issues de leur élevage en fûts de bois. Certains d'entre eux nécessitent une garde pouvant aller jusqu'à vingt ans pour délivrer un bouquet nuancé déployant des notes fumées, florales et épicées qui appellent des chairs blanches délicates et rôties telles que celles de certains poissons cuisinés au vin rouge. Les vins plus souples doivent être bus plus jeunes sur des viandes rouges ou blanches grillées ou en sauce.

16-17°.

côte de bœuf, côte de veau grand-mère, tournedos au poivre vert, fromages à pâte pressée peu affinée (trois à six ans) ; alose grillée au vin rouge, carré d'agneau, chapon rôti, lamproie à la bordelaise, pintade aux olives (sept à vingt ans).

Graves de Vayres

Blaye

Bordeaux Supérieur Moelleux

Bordeaux

Graves Supérieures

Bordeaux Supérieur Moelleux

Griotte-Chambertin Grand Cru

Bonnes-Mares

Gros Plant du Pays Nantais • Muscadet (sur lie) • Muscadet Coteaux de la Loire • Muscadet Côtes de Granlieu • Muscadet Sèvre-et-Maine

Par leur proximité avec l'océan, ces vins sont traditionnellement et joliment destinés aux accords avec les fruits de mer, qu'ils remplissent fort bien. Le melon est le seul cépage autorisé dans le muscadet de même que le gros plant dans l'appellation du même nom. Ces derniers sont à l'origine de vins vifs, légers et secs, plutôt neutres sur le plan aromatique révélant des nuances florales et minérales parfois iodées. Leur fraîcheur peut être renforcée par la présence résiduelle d'un peu de gaz carbonique qui provoque une sensation très légèrement pétillante. Si leur vivacité sied parfaitement au côté iodé des fruits de mer, leurs arômes délicats peuvent être associés à des poissons fins préparés simplement.

6-8°.

huîtres, plateau de fruits de mer, sole, sushis, tartare de langoustines, turbot.

Haut-Médoc • Médoc

Ces appellations s'étendent tout au long de l'estuaire de la Gironde depuis le nord de Bordeaux. Les vins tirent leur personnalité de terrains pierreux appelés graves qui permettent au cabernet-sauvignon, cépage dominant, d'atteindre un bon degré de maturité. Ces rouges sont à la fois généreux et retenus, délivrant des arômes caractéristiques de fruits rouges et noirs (cassis), d'épices et de réglisse rehaussés de notes de café, de pain grillé et de vanille dues à un élevage en barriques. Ils apparaissent à la fois ronds et structurés, dotés de tanins bien présents dans leur jeunesse et d'une fraîcheur salutaire. De belles viandes rouges, grillées, poêlées ou en sauce, leur seront associées en priorité en référence à leur qualité tannique. Avec les années, ces vins développent un bouquet complexe et très nuancé mêlant les fruits noirs à des accents de sous-bois, de havane et d'épices. Une fois les tanins assouplis par le temps, ils se montreront plus fondants en bouche. Des viandes rôties à la fois tendres et goûteuses et certains gibiers sauront respecter la texture et la finesse d'un vieux médoc. On prendra soin d'éviter à ces derniers les sauces trop riches, à base de vin par exemple.

15-16°.

côte de bœuf, côtelettes ou brochettes d'agneau, entrecôte, filet de bœuf sauce madère, joue de bœuf braisée, lamproie à la bordelaise, tournedos (moins de cinq ans) ; bécasse rôtie, épaule de mouton, gigot et filet d'agneau (cinq à quinze ans).

Haut-Montravel

Côtes de Bergerac **Moelleux**

Haut-Montravel • Monbazillac

Liquoreux Amples, riches et gras, les meilleurs de ces liquoreux dévoilent en filigrane une acidité procurant une sensation de fraîcheur. Il convient donc de choisir des plats à la fois goûteux et raffinés : l'accord avec un foie gras dont la texture grasse répondra à celle du vin reste une réussite, mais on pourra aussi s'aventurer vers des plats sucrés-salés où le caramélisé et le croustillant viendront se mêler aux arômes rôtis du liquoreux. Le sucre du vin se mariant inévitablement à celui du plat, privilégions des tartes aux fruits, simples et sans crème. Attention, le choix d'un dessert trop sucré viendrait fatalement « écraser » les subtilités du vin. Les meilleures cuvées de monbazillac, qui peuvent égaler les plus grands sauternes, pourront vieillir plusieurs décennies et dégager une gamme d'arômes d'une rare complexité. Ces dernières méritent d'être bues seules tant elles offrent de nuances qu'un plat viendrait forcément appauvrir.

12°.

foie gras, canard sauce bigarade, lapin au miel, manchons de poulet caramélisés, tarte aux pêches ou aux abricots (deux à huit ans) ; à déguster seul (plus de huit ans).

Haut-Poitou

- Fiefs Vendéens
- Anjou Gamay

Hermitage

- Crozes-Hermitage
- Cornas

Irancy

Bourgogne

Bourgogne

Irouléguy

Le petit manseng planté sur les coteaux calcaires de l'appellation est vinifié en sec. Il donne des vins droits, minéraux et délicatement aromatiques, évoquant les agrumes, la pêche et des notes d'épices légères. Le plat doit donc le respecter en veillant à ne pas lui imposer trop de gras ou des saveurs dominantes voire écrasantes. Une large gamme de poissons de rivière ainsi que des viandes blanches accompagnées de sauces légères sont les recettes les plus adaptées à ce vin blanc.

12°.

daurade, écrevisses à la nage, loup, lapin au cidre, poêlée de girolles.

Irouléguy

Dans ce secteur du piémont pyrénéen, les cépages tannat et cabernet-sauvignon se conjuguent pour donner des vins souvent fermes et vifs dans leur jeunesse. Ils présentent alors tanins et acidité, tout en dévoilant une palette aromatique variant des fruits rouges et noirs aux notes de sous-bois et d'épices. La fermeté d'un jeune irouléguy soutiendra agréablement la relative acidité de plats en sauce à base de tomates et de légumes. Toutefois, l'assouplissement de leur structure tannique au cours des années libérera une gamme d'arômes plus complexes évoquant parfois la venaison ou le gibier, ce qui les destine à des viandes de caractère exhalant des saveurs du même type.

15°.

osso buco, poulet ou thon basquaise (moins de cinq ans); confit d'oie ou de canard, épaule d'agneau (plus de cinq ans).

Irouléguy

D'une couleur traditionnellement assez soutenue, ce rosé issu d'un assemblage pouvant compter jusqu'à trois cépages (cabernet-sauvignon, cabernet franc et tannat) possède des arômes frais de fruits rouges. Ces vins dits « d'une nuit », car la cuvaison dure de huit à dix heures, sont à consommer dans l'année suivant les vendanges. Sa vivacité en fait un vin alerte et désaltérant qui saura accompagner le gras et le sel des charcuteries crues et cuites ou encore des préparations froides à base de légumes.

10°.

champignons à la grecque, toutes les charcuteries, ratatouille froide.

Jasnières

Anjou

Anjou Coteaux de la Loire **Demi-sec ou moelleux**

Juliénas

Beaujolais-Villages

Jurançon Moelleux • Pacherenc du Vic-Bilh

Doux et liquoreux Ces appellations donnent des vins plus ou moins concentrées selon la qualité des vendanges. Dans les bonnes années, ce sont de grands vins liquoreux qui conjuguent puissance, fraîcheur et une palette aromatique associant les fruits jaunes et exotiques aux épices. Leur amplitude et leur texture grasse favorisent une heureuse union avec un foie gras, mais on leur associera également des viandes blanches rôties alliant fermeté et croustillant. Les saveurs caramélisées ou fruitées du plat feront alors écho à celles du vin.

12°.

foie gras, ailerons de poulet caramélisés, canard aux pêches, cannette rôtie aux mangues.

Jurançon Sec

Béarn

L'Étoile

Arbois

Arbois Vin jaune

Arbois Vin de paille

L'Étoile Mousseux

Arbois Mousseux

Arbois Mousseux

La Grande Rue Grand Cru

Bonnes-Mares

La Tâche Grand Cru

Bonnes-Mares

Ladoix (avec éventuellement la mention de premier cru)

Auxey-Duresses

Auxey-Duresses

Lalande de Pomerol

Canon-Fronsac

Latricières-Chambertin Grand Cru

Bonnes-Mares

Limoux

Les vins de Limoux dénotent dans le paysage languedocien. Issus de cépages extérieurs à la région (le mauzac, le chenin et le chardonnay, souvent dominant), ils offrent généralement davantage de vivacité et de fraîcheur que les blancs du Languedoc-Roussillon, tout en conservant un certain volume. Leur bouquet évoque les fruits jaunes bien mûrs, les fleurs et parfois des notes grillées et vanillées issues d'un élevage en fûts de bois neufs. Suffisamment vifs pour accompagner des poissons et des crustacés, leur volume et leurs saveurs leur permettent également d'accompagner une large gamme de recettes à base de produits de la mer ainsi que des fromages peu affinés.

8-9°.

terrine de poissons, calamars à la niçoise, moules marinières, saint-pierre en papillote, risotto aux coques.

Lirac

Coteaux de Die

Côtes du Rhône-Villages

Châtillon-en-Diois

Listrac-Médoc • Margaux • Moulis • Pauillac • Saint-Julien • Saint-Estèphe

Ces appellations doivent leur notoriété à des terroirs de graves (galets et pierres) profonds et à un cépage principal qui s'y adapte à merveille, le cabernet-sauvignon. Ces vins apparaissent, dans leur jeunesse, très concentrés, veloutés et structurés, dotés de tanins puissants qui emplissent la bouche. Leurs arômes mêlent les fruits noirs (cassis, mûre), les fruits rouges bien mûrs et des notes issues d'un élevage en fûts de chêne (souvent partiellement neufs) qui enrichissent le bouquet d'arômes torréfiés, épicés (poivre vanille) ou chocolatés. Les plus souples pourront être bus à quatre ou cinq ans, mais la majorité d'entre eux doit être oubliée en cave de sept à trente années. Ils développeront alors leur palette aromatique extraordinairement complexe où des nuances de sous-bois, de havane, d'épices douces et de réglisse se fondent dans un ensemble harmonieux et suave porté par des tanins adoucis et une acidité parfaitement intégrée. Leur grande finesse aromatique et leur texture de velours nécessitent des mets d'une grande subtilité aux saveurs marquées, capables d'accompagner celles du vin sans toutefois les masquer : gibier, agneau, certains abats... Pour les vins jeunes, il faudra privilégier des viandes rouges, poêlées ou en sauce et des chairs plus grasses qui absorberont tanins et acidité.

16-17°.

confit de canard, filet de bœuf sauce Périgueux, gigot de mouton (quatre à six ans) ; carré ou épaule d'agneau, filet de biche, foie de veau poêlé, palombe rôtie, pigeonneau aux cèpes, rognons de veau (six à trente ans).

Loupiac

Cadillac Liquoreux

Lussac Saint-Émilion

Bordeaux Côtes de Francs

Mâcon

Auxey-Duresses

Bourgogne Grand Ordinaire

Mâcon Supérieur

Auxey-Duresses

Bourgogne Grand Ordinaire

Mâcon-Villages [avec éventuellement la mention du nom de la commune]

Auxey-Duresses

Bourgogne Grand Ordinaire

Macvin

Promu au rang des AOC, le macvin est un vin de liqueur obtenu par assemblage du moût de raisin de chardonnay, savagnin, pinot noir, poulsard ou trousseau non fermenté (deux tiers) et de marc (un tiers). Titrant 18° d'alcool, il est doté d'une robe variant du jaune ambré au rouge pâle en fonction de l'assemblage. C'est un vin épais à la texture veloutée, marqué par le marc et des notes complexes de coing, de pruneau, de fruits transformés (fruits confits et secs) et d'épices. Sa chaleur et sa puissance domineront assurément les mets qui lui seront associés. Le macvin est peut-être l'unique vin à pouvoir prétendre à une association avec des glaces en raison de sa teneur en alcool. Tentons également un mariage avec des pâtisseries riches à la texture dense ou elles-mêmes alcoolisées.

5-7°.

baba au rhum, far aux pruneaux, gâteau basque, glaces à la cannelle, à la vanille ou aux marrons.

Madiran

Béarn

Maranges [avec éventuellement la mention de premier cru]

Auxey-Duresses

Auxey-Duresses

Marcillac • Vin d'Entraygues et du Fel • Vin d'Estaing

Ces appellations du Sud-Ouest sont à déguster dans leur jeunesse ou après trois à quatre années de garde.

Leur robe pourpre intense dévoile un bouquet épicé et poivré sur un fond d'arômes végétaux et de fruits rouges. À Marcillac, le cépage fer servadou confère une structure tannique au vin, ce qui le rend assez agressif, voire asséchant en bouche. Des plats gras, d'inspiration locale, ou des viandes rouges intégreront les tanins, tandis que des préparations à base de champignons harmoniseront leurs saveurs à celles du vin.

15°.

agneau, rôti aux cèpes, tripoux, pavé de bœuf, tournedos grillé.

Marcillac

Coteaux du Quercy

Margaux

Listrac-Médoc

Marsannay

Aloxe-Corton

Auxey-Duresses

Bourgogne Clairet

Maury

Banyuls Doux

Banyuls Doux ambré

Mazis-Chambertin Grand Cru

Bonnes-Mares

Mazoyères-Chambertin Grand Cru

Bonnes-Mares

Médoc

Haut-Médoc

Menetou-Salon

Cheverny

Menetou-Salon • Reuilly • Sancerre

Minoritaires par rapport aux blancs de ces appellations, les vins rouges sont tous issus du cépage bourguignon voisin, le pinot noir. Leur légèreté et leur profil aromatique évoquent d'ailleurs des bourgognes légers révélant des notes caractéristiques de cerise, de violette ou de poivre. Rarement puissants, ces vins excellent dans un style fruité et léger, parfois un peu tannique. Ces qualités ne les empêchent pas de développer, après trois à quatre années, un bouquet plus complexe dans un registre évoquant la venaison et les épices. Pour les accompagner, on choisira donc une large gamme d'associations avec une prédilection pour les viandes rouges et des gibiers pas trop puissants (pour les cuvées les plus structurées), voire des viandes blanches, mêmes relevées.

6-8°.

coquelet à la diable, côte de veau grand-mère, couscous, jarret de veau braisé, lapin à la moutarde.

Menetou-Salon • Reuilly • Sancerre

Tout comme les rouges de ces appellations, ces rosés sont élaborés à partir du pinot noir, complété par du pinot gris en ce qui concerne le reuilly. Ces vins sont dotés d'arômes dominants de petits fruits rouges, parfois de pêche et plus souvent d'épices (poivre). Le climat frais de la région leur confère une acidité assez marquée et une texture d'une grande fluidité. Légèreté, fraîcheur et fruité sont donc les maîtres mots de ces vins auxquels on associera des plats simples comme des salades, des charcuteries ou des plats légers de viandes blanches, de poissons ou de légumes.

6-8°.

cervelas, brochet ou carpe, salade chinoise, salade de gésiers confis, de lentilles ou de pommes de terre, tête de veau.

Mercurey [avec éventuellement la mention de premier cru]

Auxey-Duresses

Auxey-Duresses

Meursault [avec éventuellement la mention de premier cru]

Aloxe-Corton

Auxey-Duresses

Minervois

Corbières

Corbières

Cabardès

Minervois-La Livinière

Cabardès

Monbazillac

Haut-Montravel **Liquoreux**

Montagne Saint-Émilion

Bordeaux Côtes de Francs

Montagny (avec éventuellement la mention de premier cru)

Auxey-Duresses

Monthélie (avec éventuellement la mention de premier cru)

Auxey-Duresses

Auxey-Duresses

Montlouis

Anjou

Anjou Coteaux de la Loire **Moelleux**

Montlouis Mousseux

Anjou Mousseux

Montlouis Pétillant

Anjou Mousseux

Montrachet Grand Cru

Aloxe-Corton

Montravel

Bergerac

Morey Saint-Denis (avec éventuellement la mention de premier cru)

Aloxe-Corton

Gevrey-Chambertin

Morgon

Beaujolais-Villages

Moselle

Côtes de Toul

Côtes de Toul

Côtes de Toul

Moulin-à-Vent

Beaujolais-Villages

Moulis

Listrac-Médoc

Mousseux de Savoie

Ayze Mousseux

Mousseux du Bugey

Ayze Mousseux

Muscadet

Gros Plant du Pays Nantais

Muscadet Coteaux de la Loire

Gros Plant du Pays Nantais

Muscadet Côtes de Granlieu

Gros Plant du Pays Nantais

Muscadet Sèvre-et-Maine

Gros Plant du Pays Nantais

Muscat de Beaumes-de-Venise

Liquoreux Le muscat blanc à petits grains est bien adapté aux coteaux maigres et très ensoleillés de l'appellation. Issu de vendanges en surmaturité, ce vin est ensuite muté pendant la fermentation. Doux et assez puissant, ce vin doux naturel exhale des arômes très exubérants de raisin (muscat), d'agrumes et de fleurs. Très fruité, il est à boire dans sa jeunesse et constitue un apéritif idéal. Il peut également accompagner des desserts à base de fruits ou des fromages à pâte persillée. Sa douceur et sa chaleur pourront également napper la texture très crémeuse de certains desserts.

9- 11°.

fromages à pâte persillée, ananas rôti, crème brûlée, crème caramel, crêpes, melon, tarte au citron ou aux coings.

Muscat du Cap Corse

Liquoreux Cette petite appellation située à la pointe septentrionale de l'île produit l'un des plus fameux vins corses. Le muscat du Cap Corse est obtenu par mutage (adjonction d'alcool pur pendant la fermentation) à partir de raisins récoltés tardivement et gorgés de sucre. Issu du muscat blanc à petits grains, il développe des arômes complexes évoquant le raisin de Corinthe et les agrumes avec des tonalités florales et mielleuses. La texture, bien que relativement épaisse, paraît légère comparée à d'autres muscats mutés, car leur teneur en sucre est, en général, inférieure. Ces vins qui allient sensations de douceur et de fraîcheur se dégusteront seul, à l'apéritif, et en accompagnement de desserts simples à base de fruits (abricot, agrumes, coing, pêche), comprenant éventuellement un peu de crème (légère).

9-10°.

charlotte aux fruits (pas trop crémeuse), crêpes fourrées à la confiture d'abricot ou d'agrumes, tarte à la rhubarbe ou au citron.

Muscat de Frontignan • Muscat de Lunel • Muscat de Mireval • Muscat de Rivesaltes • Muscat de Saint-Jean-de-Minervois

Doux Généralement pâles en couleur, ces vins doux naturels dévoilent des arômes fruités et floraux du muscat, également dotés d'une douceur suave. Leur puissance alcoolique et leur grande richesse en sucre résiduel les destinent à accompagner la fin du repas, bien qu'ils soient délicieux à l'apéritif ou avec un foie gras. Leur fruité (abricot, agrumes, raisin) les destine surtout à des accords avec des desserts à base de fruits blancs et jaunes.

8-10°.

foie gras, canard laqué, roquefort, fruits secs, soufflé au citron, tarte à la rhubarbe, au citron, aux coings ou aux pommes.

Muscat de Lunel

Muscat de Frontignan

Muscat de Mireval

Muscat de Frontignan

Muscat de Rivesaltes

Muscat de Frontignan

Muscat de Saint-Jean-de-Minervois

Muscat de Frontignan

Musigny Grand Cru

Bonnes-Mares

Nuits Saint-Georges [avec éventuellement la mention de premier cru]

Aloxe-Corton

Gevrey-Chambertin

Pacherenc du Vic-Bilh

Béarn

Pacherenc du Vic-Bilh

Jurançon moelleux

Palette

Les vins blancs issus de cette minuscule appellation de quelques dizaines d'hectares sont majoritairement produits à partir du cépage clairette. Leurs arômes subtils évoquent les fleurs, les épices et le miel. Leur chair, leur rondeur et leur suavité autorisent les accords classiques avec des poissons, mais ouvrent également la voie à des plats à base de crème.

10-11°.

calamar à l'encre, daurade grillée, poissons marinés, sandre au beurre blanc, turbot sauce hollandaise, blanquette de veau.

Palette

Cassis

Bandol

Patrimonio

Ajaccio

Patrimonio

Le cépage nielluccio est dominant dans l'assemblage, complété de grenache, sciaccarello et vermentino. Sur des sols calcaires, l'appellation Patrimonio produit des vins intenses, structurés et denses qui nécessitent un minimum de quatre ou cinq années de garde. Leur bouquet évoque la violette, les fruits rouges et des saveurs animales de fourrure et de cuir. En vieillissant, ils s'assouplissent tout en développant des notes à la fois épicées et animales qui se marient parfaitement avec des gibiers, même puissants. Des viandes dont la sauce contient un peu d'acidité (à base de tomates, par exemple) pourront également aiguiser les saveurs du vin. Même si l'association des vins rouges avec les fromages est de manière générale difficile, on tentera ici une exception avec quelques fromages de brebis jeunes.

15-17°.

chevreuil, daube provençale, gigot d'agneau braisé à la menthe, tajine aux olives, tripoux, veau marengo, fromages de brebis (quatre à dix ans).

Patrimonio

Ajaccio

Pauillac

Listrac-Médoc

Pécharmant

Bergerac

Pernand-Vergelesses (avec éventuellement la mention de premier cru)

Auxey-Duresses

Auxey-Duresses

Pessac-Léognan

Graves

Graves

Pétillant de Savoie

Ayze Mousseux

Petit Chablis

Bien qu'ils soient également élaborés à partir du cépage chardonnay, ces blancs proviennent de terroirs moins qualitatifs que leurs voisins de l'appellation Chablis. Ils sont donc plus simples dans leurs expression aromatique et possèdent souvent une acidité encore plus marquée qui s'accompagne d'arômes clairs et peu intenses dans le registre des fleurs et des agrumes. Leur nervosité sied aux fruits de mer, aux poissons grillés, aux légumes et aux crudités.

6-8°.

carottes râpées, caviar d'aubergines, céleri rémoulade, huîtres.

Pomerol

Canon-Fronsac

Pommard (avec éventuellement la mention de premier cru)

Gevrey-Chambertin

Pouilly-Fuissé

Auxey-Duresses

Pouilly Fumé

Cheverny

Pouilly-Loché

Auxey-Duresses

Pouilly-sur-Loire

Autrefois répandu en Bourgogne, le chasselas n'a pas résisté au phylloxéra et ce cépage n'est pratiquement plus présent aujourd'hui, à part dans cette petite appellation. Sans posséder un caractère très affirmé, ce vin est léger, doucement fruité et souple. Ses arômes furtifs évoquent les fruits secs et blancs, mais il n'a pas la structure nécessaire pour accompagner une large gamme de mets. On lui destinera donc de préférence des entrées aux saveurs peu marquées.

6-8°.

beignets de fleurs de courgettes, céleri rémoulade, friture, poissons en papillote, terrine de poissons d'eau douce.

Pouilly-Vinzelles

Auxey-Duresses

Premières Côtes de Blaye

Blaye

Bordeaux

Premières Côtes de Bordeaux

Blaye

Bordeaux Supérieur **Moelleux**

Bordeaux

Puisseguin Saint-Émilion

Bordeaux Côtes de Francs

Puligny-Montrachet (avec éventuellement la mention de premier cru)

Aloxe-Corton

Auxey-Duresses

Quarts-de-Chaume

Anjou Coteaux de la Loire **Moelleux**

Quincy

Cheverny

Rasteau

Doux ambré Sous un climat très ensoleillé, le grenache noir (qui doit composer au moins 90 % de l'assemblage) produit des vins mutés puissants, titrant au moins 15° d'alcool. La couleur de leur robe varie de l'ambré au rouge. Ambrés, ils dégagent un bouquet très complexe de pâte de fruits, de datte, de noix et de cire. Les rouges évoquent davantage les fruits rouges ou noirs très mûrs, les épices et la réglisse. La puissance de leurs saveurs et la chaleur qu'ils dégagent permettent de les associer à des mets comme certains fromages de caractère ou des desserts à base de chocolat ou de crème.

10-12°.

cantal (vieux), fromages à pâte persillée (évolué), bûche au chocolat, crème brûlée, mousse au chocolat, religieuse ou éclair au chocolat et au café, tarte aux coings.

Régnié

Beaujolais-Villages

Reuilly

Cheverny

Menetou-Salon

Menetou-Salon

Richebourg Grand Cru

Bonnes-Mares

Rivesaltes

Doux ambré Les rivesaltes blancs sont des vins mutés obtenus par pressurage immédiat à partir de différents cépages rouges et blancs. Jeunes, ils exhalent des notes florales et fruitées qui évoluent en vieillissant vers des arômes de cire et de miel. La catégorie dite « rancio » bénéficie d'un élevage en foudres de plusieurs années. Les vins s'oxydent alors lentement, prennent une teinte ambrée et dévoilent un bouquet complexe de miel, de noix et de fruits secs. Ces nectars possèdent le corps, l'onctuosité et la puissance qui leur permettent d'affronter toutes sortes de textures, dont celle du foie gras. Les blancs sauront prêter leurs saveurs fruitées à des desserts à base de fruits jaunes et de crème. Les rivesaltes ambrés, par la complexité de leurs arômes, peuvent prétendre accompagner des préparations sucrées-salées et des fromages à pâte persillée.

9-12°.

à l'apéritif, foie gras poêlé, canard aux pêches, lapin aux pruneaux, fromages à pâte persillée, baba au rhum, crème brûlée, tarte aux coings ou aux pralines, tiramisu.

Rivesaltes

Doux Les rivesaltes rouges bénéficient d'un élevage d'au moins deux ans en foudres. Leur teinte sombre et tuilée annonce des arômes évolués aux accents de fruits cuits et confits, de cuir et de cacao. Amples et puissants, ils sont de taille à affronter des desserts à base de chocolat, même crémeux, ou de fruits rouges. Comme les portos, ils accompagneront également des fromages de caractère.

10-12°.

bleus, fromages à pâte dure, fromages de brebis, bûche au chocolat, chocolat noir, religieuse ou tarte au chocolat.

Romanée Grand Cru

Bonnes-Mares

Romanée-Conti Grand Cru

Bonnes-Mares

Romanée Saint-Vivant Grand Cru

Bonnes-Mares

Rosé d'Anjou

Cabernet d'Anjou

Rosé d'Anjou Pétillant

Crémant de Loire

Rosé de Loire

Bourgueil

Rosé des Riceys

Issu d'un terroir spécifique situé autour du village des Riceys, dans l'extrême sud de la Champagne, ce rosé est produit en petite quantité. Le cépage utilisé, le pinot noir, ainsi que la situation géographique de son vignoble, plus proche de la Bourgogne que du nord de la Champagne, marquent sa personnalité. Plusieurs dizaines d'hectares exposés plein sud donnent des vins tendres, dotés d'arômes de fruits rouges et de grillé, également marqués par une bonne acidité. Par leur fraîcheur et leur expression aromatique, ils peuvent être d'excellents compagnons pour des plats typiques de la région comme pour des gibiers à plumes. Leur fort caractère leur permettra un vieillissement de quelques années.

10-12°.

andouillette de Troyes, boudin blanc, bécasse rôtie, foie de veau, lapin à la moutarde, embeurrée de chou, fromages à croûte fleurie.

Rosette

Côtes de Bergerac **Moelleux**

Roussette de Savoie • Roussette du Bugey • Seyssel

La roussette, localement nommée altesse, est à l'origine de l'essentiel des vins de l'appellation éponyme de Savoie et du Bugey, parfois associée au chardonnay. Si la légende veut que ce cépage ait été rapporté de Chypre par un croisé, il est aujourd'hui typiquement savoyard. Il est plus alcooleux et possède plus de caractère que la plupart des autres raisins blancs de la région, produisant des vins plus ronds et plus souples, dotés de moins d'acidité. Assez aromatique, le fruité de sa jeunesse, variant de la pêche à l'abricot, évolue après trois ou quatre ans vers des notes plus complexes de caramel, d'épices, de miel ou de cire. Sa rondeur et ses arômes seront à la hauteur de poissons grillés et en sauce, de fromages moyennement affinés ou cuits, et de viandes blanches à la crème.

9-11°.

écrevisses à la nage, lieu sauce meunière, poissons de rivière grillés, escalope de veau à la normande, risotto aux coques, fondue savoyarde, raclette, fromages à pâte molle.

Roussette du Bugey

Roussette de Savoie

Ruchottes-Chambertin Grand Cru

Bonnes-Mares

Rully (avec éventuellement la mention de premier cru)

Auxey-Duresses

Auxey-Duresses

Saint-Amour

Beaujolais

Beaujolais-Villages

Saint-Aubin (avec éventuellement la mention de premier cru)

Auxey-Duresses

Auxey-Duresses

Saint-Bris

Produit dans la région auxerroise, aux alentours de Chablis, ce vin prouve que les liens entre la Bourgogne et une partie de la vallée de la Loire sont relativement intimes. Saint-Bris est à ce jour la seule appellation bourguignonne ayant exclusivement recours au sauvignon blanc, cépage également tourangeau. Dotés d'une robe très pâle, ces blancs tout en vivacité dévoilent des arômes typiques du cépage dans un registre végétal plus ou moins présent en fonction de la fraîcheur du climat. Leur vivacité adoucira le côté un peu asséchant de certains fromages (de chèvre en particulier) et se mariera parfaitement à la texture de plats locaux comme les escargots. La gamme des poissons et des fruits de mer leur reste également ouverte.

6-8°.

asperges, escargots, crustacés, plateau de fruits de mer, fromages de chèvre.

Saint-Chinian

Corbières

Cabardès

Saint-Émilion

Bordeaux Côtes de Francs

Saint-Émilion Grand Cru

Bordeaux Côtes de Francs

Saint-Émilion Premier Grand Cru Classé ou Grand Cru Classé

Ces vins constituent l'aristocratie des vins du Saint-Émilionnais. Issus d'un assemblage dominé par le merlot, complété par les cabernet franc et cabernet-sauvignon, les rouges possèdent une forte concentration : robe sombre, matière dense et veloutée, arômes puissants évoluant sur la prune, les fruits noirs, le poivre et le café. Assez structurés dans leur jeunesse, mais dotés de tanins plus souples que les vins du Médoc, ils délivrent au bout d'une dizaine d'années un bouquet subtil de fruits en confiture rehaussés de notes caractéristiques de cuir, de gibier et de tabac qui les destinent à des préparations sur le même registre, telles des gibiers à plumes et à poils. Leur côté moelleux enveloppera également des chairs grasses.

16-17°.

cuissot de marcassin, faisan aux noix, plats aux truffes, tournedos sauce Périgueux, cèpes à la bordelaise (sept à vingt ans).

Saint-Estèphe

Listrac-Médoc

Saint-Georges Saint-Émilion

Bordeaux Côtes de Francs

Saint-Joseph

Crozes-Hermitage

Crozes-Hermitage

Saint-Julien

Listrac-Médoc

Saint-Nicolas-de-Bourgueil

Anjou

Bourgueil

Saint-Péray

Crozes-Hermitage

Saint-Péray Mousseux

Crémant de Die

Saint-Pourçain

Fiefs Vendéens

Châteaumeillant

Châteaumeillant

Saint-Romain

Auxey-Duresses

Auxey-Duresses

Saint-Véran

Auxey-Duresses

Sainte-Croix-du-Mont

Cadillac **Liquoreux**

Sainte-Foy-Bordeaux

Blaye

Bordeaux

Sancerre

Cheverny

Menetou-Salon

Menetou-Salon

Santenay (avec éventuellement la mention de premier cru)

Auxey-Duresses

Auxey-Duresses

Saumur

Anjou

Anjou

Saumur Mousseux

Anjou Mousseux

Saumur Pétillant

Anjou Mousseux

Saumur-Champigny

Anjou

Saussignac

Côtes de Bergerac **Moelleux**

Sauternes

Barsac **Liquoreux**

Savennières

Anjou

Savennières Coulée-de-Serrant

Anjou

Savennières Roche-aux-Moines

Anjou

Savigny-lès-Beaune (avec éventuellement la mention de premier cru)

Auxey-Duresses

Auxey-Duresses

Seyssel

Roussette de Savoie

Tavel

Tavel est l'unique appellation rhodanienne entièrement consacrée aux rosés. Obtenus par assemblage à partir d'une gamme de dix cépages rouges et blancs, ces vins se distinguent des rosés de la région par leur couleur très soutenue et leur caractère profond et vineux. Ils possèdent en outre des arômes de fruits à noyaux soutenus par des notes végétales et épicées. La bouche ronde et puissante saura neutraliser les goûts forts, accompagner la texture grasse des charcuteries et se fondre dans des plats en sauce. Le tavel possède peu d'aptitude au vieillissement à l'exception de quelques rares cuvées qui se bonifient avec le temps. Il est donc conseillé de le déguster dans sa jeunesse.

10-12°.

anchoïade, cervelas, galantine, jambon cuit, rillettes, tapenade, bouillabaisse, côte de veau à la provençale, foie de veau, osso buco, poulet rôti.

Touraine (Amboise, Azay-le-Rideau, Mesland, Noble-Joué)

Cheverny

Anjou Gamay

Bourgueil

Touraine Mousseux

Anjou Mousseux

Crémant de Loire

Touraine Pétillant

Anjou Mousseux

Crémant de Loire

Tursan

Les vignes de cette appellation sont plantées à 90 % d'un cépage régional, le baroque. Ce dernier, parfois associé au sauvignon et au gros manseng, entre uniquement dans l'assemblage des vins blancs de Tursan, qui en tirent leur originalité. À boire dans leur prime jeunesse, ces vins plutôt chaleureux et onctueux dégagent une palette d'arômes allant de la pomme verte à l'herbe coupée. Leur aspect relativement gras peut envelopper avec succès les chairs délicates de certains poissons, mais également nombre de plats à base de crème ou de sauce béchamel.

10-12°.

poissons au court bouillon, saumon ou truite au bleu, bouchée à la reine, quenelles de brochet.

Tursan

Ce vin élaboré aux confins des Landes, de la Gascogne et du Béarn est issu d'un assemblage de cabernet-sauvignon, cabernet franc et tannat. Dévoilant une robe rouge brillante, le tursan, très généreux, est doté d'arômes de fruits rouges et de fruits des bois, d'humus ou de fougère. Ce vin possédant matière et équilibre est à apprécier dans sa jeunesse. Chaleureux et expressif, il aura besoin de mets partageant ces caractéristiques telles des mets à chair grasse et des sauces au goût relevé.

15-17°.

bœuf Stroganov, confit d'oie et de canard, entrecôte forestière.

Tursan

Béarn

Vacqueyras

- Coteaux de Die
- Côtes du Rhône-Villages
- Châtillon-en-Diois

Valençay

- Cheverny
- Châteaumeillant
- Bourgueil

Vin de Corse Calvi, Coteaux du Cap Corse, Figari, Porto-Vecchio, Sartène

- Ajaccio
- Ajaccio
- Ajaccio

Vin d'Entraygues et du Fel

- Côtes de Millau
- Marcillac
- Coteaux du Quercy

Vin d'Estaing

- Côtes de Millau
- Marcillac
- Coteaux du Quercy

Vins de l'Orléanais

- Fiefs Vendéens
- Châteaumeillant
- Châteaumeillant

Vins de Lavilledieu

- Côtes de Millau
- Côtes du Frontonnais
- Côtes du Frontonnais

Vins de Savoie [avec éventuellement la mention du nom de la commune et/ou d'un cépage] • Vins du Bugey

Plus d'une dizaine de cépages peuvent entrer dans la composition de ces appellations, créant une palette de vins de styles très différents. Plus ou moins aromatiques, les blancs de Savoie sont secs, fruités, et possèdent une acidité parfois tranchante. Les vins issus de la roussanne (appelée localement bergeron) se distinguent par leur forte personnalité et présentent davantage de gras et des arômes typiques de noisette et de pêche. Par leur douceur, ils seront agréables sur une quiche au saumon ou éventuellement un foie gras frais. Mais il sera intéressant de jouer avec leur acidité pour accompagner des plats savoyards à base de fromages, des poissons de rivière, ainsi que des charcuteries.

7-10°.

pâté, moules marinières, brandade de morue, quenelles de brochet sauce Nantua, pommes de terre au lard, quiche au fromage, au saumon ou lorraine, risotto aux coques, reblochon, tomme de Savoie.

Vins de Savoie [avec éventuellement la mention du nom de la commune et/ou d'un cépage] • Vins du Bugey

Il faut distinguer les vins rouges élaborés avec de la mondeuse, cépage emblématique de la Savoie et les autres qui sont essentiellement issus de gamay et de pinot noir. La mondeuse est à l'origine de vins assez colorés, généreux et tanniques, aptes à une courte garde de deux à six ans. Associant des arômes de fruits rouges et noirs (framboise, griotte, mûre, myrtille) à des notes florales et épicées, ils possèdent de la structure et des tanins bien présents qui se marient bien avec de belles viandes rouges. Les plus concentrés accompagneront des plats puissants comme des petits gibiers. Les vins issus du pinot noir et du gamay, plutôt fluides et vifs, sont intéressants avant tout par leurs parfums dominés par les fruits rouges. Servis jeunes (un à deux ans) et frais, ils ont vocation à accompagner des charcuteries, des fromages peu affinés, mais également des viandes bouillies dont le côté tendre et les saveurs appellent des vins tout en fruits.

12-14°.

bécasse rôtie, cœur de veau braisé, viandes rouges (pour la mondeuse) ; jambon persillé, langue de bœuf sauce piquante, pâté de tête, pot-au-feu, fromages au lait de vache peu affinés (pour les autres cépages).

Vins de Savoie [avec éventuellement la mention du nom de la commune et/ou d'un cépage] • Vins du Bugey

Il existe en Savoie et dans le Bugey une petite production de vins rosés, majoritairement issus du gamay, parfois associé au pinot noir et à la mondeuse. La fraîcheur du climat exacerbe le côté vif et frais de ces vins très légers et fruités. Généralement pâles et dotés d'arômes de petits fruits rouges, ils sont fluides et peu alcoolisés (autour de 11°). Leur légèreté et leur caractère peu intense imposent une cuisine simple. On jouera alors sur leur fruité et leur fraîcheur pour les associer à des salades en vinaigrette, à des grillades et à des charcuteries.

8-9°.

carottes râpées, charcuteries crues et cuites, grillades de viandes blanches et rouges, salade chinoise ou de cervelas.

Vins du Bugey

Vins de Savoie

Vins de Savoie

Vins de Savoie

Vins du Thouarsais

Fiefs Vendéens

Anjou Gamay

Viré-Clessé

Auxey-Duresses

Volnay (avec éventuellement la mention de premier cru)

Aloxe-Corton

Volnay-Santenots (avec éventuellement la mention de premier cru)

Aloxe-Corton

Vosne-Romanée (avec éventuellement la mention de premier cru)

Gevrey-Chambertin

Vougeot

Aloxe-Corton

Aloxe-Corton

Vouvray

Anjou

Anjou Coteaux de la Loire

Demi-sec ou moelleux

Vouvray Mousseux

Anjou Mousseux

Vouvray Pétillant

Anjou Mousseux